THE NEW PSYCHOLOGY OF

WINNING

創勝心態

喚醒內在動能，激發無限潛能的勝念思考

Top Qualities of a 21st Century Winner

Denis Waitley 丹尼斯・魏特利

洪世民——譯

【導讀】

積極握有生命的選擇權，就是選擇以贏家的態度來面對人生

數位轉型顧問／**李全興（老查）**

對於已經閱讀過無數有關「成功」書籍的讀者來說，還有什麼見解能夠帶來不同的啟發？行為科學博士、潛能開發大師丹尼斯·魏特利博士的《創勝心態》將帶領讀者進行一次思維與心靈的導航設定，探討如何藉由日常選擇和長遠行為模式建立的方式，以贏家思維面對生活中的每一個挑戰與機遇。

讀完《創勝心態》，非常同意作者魏特利博士在書的一開頭提到「生命是透過觀者的眼睛去感受的，那並非發生在你身上的事，而是你如何接受它、理解它」，原因在於：思考的框架會影響人們的想法與態度。就像，如果有

一種肉製品告訴你它內含有85%的蛋白質，你可能會覺得很不錯；但如果跟你說「內含15%的脂肪」，你也許就會覺得不太健康。但其實是同樣的東西，只是想法不同，感受也大不相同。不過，思考框架也是我們可以設定的，換一個框架，可能因此就有不同的結論。

假若把人生視為一場賽局，那麼「求勝、獲得成功」會是思考的重心。魏特利博士認為人生的成功不只靠機運或偶然，而是可以自主的，那是一種心性、一種態度，更是一種生活風格，是可以透過學習與實行獲致的。而「正向思考」與「自我主導」這兩大思維模式，正是魏特利博士所提出「致勝心理學」的核心觀念，並以此發展出人生贏家有別於常人的心理特質。

要能持續展現正向、自我主導的思維與行為，就必須建立「我有選擇、我能選擇」的心態。所謂的選擇權，是基於先針對可能發生的結果，做了足夠的功課，並檢視可能的結果之後作出的最佳判斷。選擇，包括了想法與想像、時間的投入、想和誰一起相處、話語、目標、承諾，以及為何喜悅、為何憂慮。當我們決定對自己生命中的所有事情都積極握有選擇權時，我們也就選擇了以贏家的態度來面對人生。

《創勝心態》告訴我們，「正向思維」會是自我實現的預言。因為當我們對未來抱持樂觀的態度時，期望就會刺激行動，我們也就更有可能實現對於未來積極的預期，從而真正達成目標。所以我們必須跳脫「習得性無助」的負面思考，養成「習得性樂觀」的習慣。

魏特利博士還建議讀者運用正向的「自言自語」（self-talk），和自己進行無聲對話。心智的語言就像腦中進行的「現場播報」一般，能夠喚起畫面和情感，我們對自己說的每一句話，都會仔細聆聽甚至反芻，設法讓自言自語成為對自己正向的肯定和確認，就如同內建語音導航一般，引導自己在創造勝利的路上前進。

當我們想藉由實踐成為人生的贏家時，別忘了，我們既有的行為模式已經在我們生命中內化成數萬個日子了，因為「習慣」要花很長的時間培養才能變成反射作用，同時也要花很長的時間才能造就改變。有句話說「種一棵樹最好的時機是十年前，其次是今天」，現在正是將書中的洞見轉化為實際行動最好的時候。不要等待，也不要猶豫是否準備好了，每一步的進展無論大小，都是朝著成功之路的必要一步，你準備好上路了嗎？

來自各界的最高讚譽

他的素材鮮活、符合所需，還展現得如此優美，對身在現今這個激流世界、急欲創造成功，並尋求改變的我們來說無比重要。

——《與成功有約》管理學大師／史蒂芬．柯維

丹尼斯．魏特利已經贏得了每一個人的尊敬，過去五十年來，丹尼斯名副其實地幫助了數百萬人開發自己的潛能、轉換生涯跑道。丹尼斯善於讓人著眼於自己的優點，進而實現夢想，很榮幸丹尼斯是我的良師益友……創勝是丹尼斯的生活方式，照丹尼斯的話去做，創勝也會是你的生活方式。

——《秘密》暢銷名家／鮑勃．普羅克特

準備迎接不可思議的體驗！丹尼斯．魏特利剛完成了《創勝心態》，當年讀了他的第一本書，我成了百萬富翁，後來更成了億萬富翁，你也可以跟我一樣！這本書將改變你的一生，而且速度比你想像得更快，不論你現在身在何種階段，他都能幫助你釋放潛力、提高收入、達成目標。

——全球知名策略與業務行銷大師／布萊恩．崔西

這本書將改變你一生……丹尼斯在我最艱困的時候帶給我巨大的衝擊，並提醒我注意真正重要的事。趕快鑽進這本書裡，並和你愛的人分享吧！

——Zig Ziglar Inc. 執行長／湯姆．齊格勒

數十年來，從職業運動員到卓越商業人士，《創勝心態》為每一個人扭轉形勢，好高興丹尼斯把他不可思議的智慧，加進了這個新版本裡，這一定能為下一個世代的高成就者們擴充實力。

——《讓顧客開口說成交》、《銷售語言》作者／湯姆．霍普金斯

《創勝心態》不僅讀來振奮人心，而且充滿務實、質樸的故事，並喚醒我們心中贏家的態度，這是每一個人的必讀之作，字字動人、絕妙精采，還能教你如何在人生的競賽中獲勝。

——**《價值觀要素》作者／約翰．德瑪蒂尼**

丹尼斯．魏特利的教誨句句經典！在丹尼斯的新書《創勝心態》中，為我們的成功事業與人生描繪了一張完美藍圖，這本強而有力的書籍出自當代一位偉大思想家之手，我在此鄭重推薦。

——**Jim Rohn Int、KyleWilson.com 創辦人／凱爾．威爾森**

很少書籍能帶你一窺奧運選手、ＮＡＳＡ太空人，以及其他菁英領袖如何用真正務實的方法來訓練大腦，在人生中獲得勝利，丹尼斯是正向變革領域名副其實的先驅，這本書非讀不可。

——**知名演員、企業家／富碧絲．萊利**

在這個無國界的世界裡，沒有比正直和智慧更重要的事了，而關於如何創造改變、成功管理，我想沒有人的觀點和方法可以超過丹尼斯·魏特利。

——**《攻心為上》作者／哈維·麥凱**

我是丹尼斯·魏特利的瘋狂粉絲，他的原版暢銷書《致勝心理學》改變了我的一生。如今他再次為這個數位時代出版了《創勝心態》，內容跟原版一樣為我們帶來無比的衝擊，這個版本為二十一世紀的讀者介紹了嶄新又切身相關的資訊與構想，他對人性和神經科學的認識與洞見，是獻給每一個世代的禮物。

——**《一分鐘經理》作者／肯·布蘭佳**

如果你想知道怎麼活出有意義的生命，想了解如何從老舊的思考模式轉變成勝利人生，這本書非讀不可！

——**《崇高的金錢》作者／艾朵拉·克莉絲朵·伊凡斯**

丹尼斯・魏特利是我們所有人的禮物，翻到這本書（或他十六本著作中的任一本）的任一章，讀一段話，思索他的教誨，然後問自己：「要是我照我剛讀到的內容採取行動，會發生什麼事？」結果一定出乎你的意料！

——**《華爾街日報》暢銷作家／安東尼・帕里涅若**

想像一下，你有機會請世上最傑出的激勵人士，在你耳邊細訴成功的秘訣；再想像一下，他還會跟你分享如何應用這些秘訣，然後屢創佳績、一勝再勝。好，現在我們不必再憑空想像了，丹尼斯・魏特利已經把他的《致勝心理學》提升到新的境界，繼續為世人貢獻心力，翻轉更多人的生命！

——**Tramazing 公司執行長及創辦人／麥可・諾頓**

作者是值得信賴的嚮導和同伴，本書充滿了超越世代的勝利方法與成功原則，為想要展現不凡生命旅程的人提供了明確指引。

——@lawofattractionlive IG 社群創辦人／提比略

在我遇過的全球頂尖一千名導師與作者之中，丹尼斯是最棒也最珍貴的一位。如果我要打造一座勵志作家的拉什莫爾山（美國總統山），丹尼斯必能躋身史上最佳之列。我五十年前買的《致勝心理學》系列不僅能引導出我們的內在勝念，助我們一躍而起，成為夢想已久的超級巨星。記住我的話，只要讀完這本書，你將知道如何進入贏家的行列，並擁有邁向成功的精確藍圖！

——Podcast《激勵秀》主持人／伊萊·馬庫斯

我很幸運，一九七八年，丹尼斯·魏特利「改變人生」的有聲課程首度出版時，我就聽到了。當時我的事業剛起步，需要一切對我有幫助的建議，如今再次回顧，毫無疑問，我能有後來的成就，都歸功於丹尼斯．魏特利。今天，四十三年後，丹尼斯出版了新作《創勝心態》，我相信這本書將為數百萬人帶來正面衝擊。我強烈呼籲你買這本書，好好研讀書中的課題，並應用在自己的人生。

——拿破崙希爾基金會常務董事／唐．格林

丹尼斯．魏特利是當代最受歡迎的超級思想家之一，他的金玉良言將啟發並豐富你的生命，使你沉醉在實現自己的天命之中。你會想要一聽再聽，並將他分享的一切占為己有。我曾是他的同事與朋友，也一起在許多節目上聊過天，知道他擁有的是貨真價實的智慧，聽他說話你也會有同樣的感受。當你開始聆聽、閱讀、學習和成長，你的未來就會變得愈來愈寬廣、愈來愈美好，也愈來愈燦爛。

——《一分鐘億萬富翁》系列共同作者／馬克．韓森

多年來，丹尼斯・魏特利是我最喜歡的作家，他的著作已經改變了我的人生。《成功之本》一書更是扭轉了我的命運，而《創勝心態》更加深入，告訴我們如何掌握趨勢、贏得勝利，如果你想要拓展事業，開創自我潛能，這本書你絕對不能錯過。

——**SoulBlazing 創辦人／麗莎・海莎**

在《創勝心態》中，潛能開發泰斗丹尼斯・魏特利運用質樸的風格與豐富的觀點，分享了務實的智慧、貼切的類比，以及實用的策略，來幫助我們贏得超越以往的更大勝利……他提供的新概念也更能順應、貼合時代的波動。如果你已經踏上了追尋光明的未來之路，就更不能錯過這部經典之作。

——**廣播及電視節目《房地產達人》主持人／羅伯特・赫姆斯**

這是一部親身經歷過這一切的名家卓越洞見，他的這本最新力作教會我：思想不是靜態的，是會演化的；三、四十年前看似正確的東西，是會改變、被重新思考與現代化的。本書將改變我的人生，並已改變了我的思考模式，也為五十三歲的我帶來了巨大希望。

——心靈講師／席德・大衛

丹尼斯・魏特利在《創勝心態》中分享了他擁有的深刻知識，讓你得以在致力的領域中，成為一名卓越的領導者。他真摯的心意和驚人的智慧，將在你的未來鼓舞你、引導你，並徹底發揮你的潛力。

——全球變革型領導人、暢銷作家／瑪莉・戴蒙德

《創勝心態》是極少數你一讀就停不下來的書，也是你一輩子會一讀再讀的作品。以幫助人們調整心態為職志的我，很高興這本書能夠問世，因為我們需要創造更多勝利！

——億萬富翁推手、《紐約時報》暢銷作家／蘿拉・蘭格邁爾

我愛死丹尼斯的新書了，字字珠璣，寫法精準又貼切，他曾與我們共事過一年，並強化了我們的積極心態。

——威豹樂隊首席吉他手／菲爾・柯倫

《致勝心理學》是丹尼斯・魏特利所創造難得一見、能改變人生的佳作，這樣的書在世上出現得還不夠多，因為沒有一本像《致勝心理學》一樣，對我的一生造成巨大衝擊。現在他又辦到了，他完成了一件我以為絕無可能的事：擴充一本已經改變那麼多生命的書籍、再創致勝的藍圖、改變更多人的生命，而這一次，他鎖定了二十一世紀。

——bLU Talks 創辦人／柯瑞・普利耶

你擁有某種特質，你擁有偉大的內涵，我是萊斯・布朗，我已經演講了五十二個年頭，而在我演講時，我一直在反映近期的人生。我剛滿七十六歲，有一本書奠定了我的思想和經營人生的基礎，書裡的話深深擊中我心——「人養成習慣，而習慣創造未來」，這句話就出自丹尼斯・魏特利的《致勝心理學》，而現在我們有了新版本。此時此刻，在面臨新冠病毒，許多人感到絕望、無力、斷線、孤寂、壓力沉重之際，我們比以往更需要這本書。丹尼斯・魏特利的話語已對我產生莫大影響，甚至在我進入演說產業之前，就帶領我走出了先天的心智條件和環境限制，帶我認識了更寬廣的自己。他不只對我的腦袋說話，也對我的心說話；他點燃了我心中的熱情，追求偉大的精神，我永遠對他滿懷感激。這本書獨樹一幟，它能鼓舞你成為像德蕾莎修女所說的：「上帝手中的鉛筆，開始書寫新的篇章，和你的人生。」我原本不認為人可以超越完美，但不知為何，我這位親如兄弟的好友找到了超越完美的途徑，書中的每一章都經過精心設計，帶你前往你心中自己到不了的地方。丹尼斯・魏特利，他是泰斗，是這個產業的傳奇，說給人看是一回事，說給人聽是一回事，而寫給人看又是另一回事，但這全都是他擅長的能力。我是萊斯・布朗，準備好讓你的人生徹底轉變吧！你擁有某種特質，你擁有偉大的內涵，讀一讀《創勝心態》，跳脫舊有思想，追求你的卓越。這就是我的故事，而我忠於這個故事。

——**講者、作者、演說教練／萊斯・布朗**

丹尼斯再次讓我們親眼見證他的承諾：協助他人在所有生命領域，取得最高水準的成就，包括銷售。

——山德勒訓練公司執行長／戴夫・麥森

我欠丹尼斯・魏特利一份感謝，感謝他的劃時代之作在我初抵美國、還是一名年輕的移民時，就為我帶來了影響與衝擊。就社會學和神學的角度，四十年可稱為一個「世代」。先生，謝謝你，也願這部新作像過去深刻影響我們那樣，衝擊下一個「世代」。

——作家、講者／克利許・達哈南

我的成長期間有三位影響深遠的男性榜樣：我的父親、布萊恩・崔西，以及令人驚歎的丹尼斯・魏特利博士。哇！我為這個世界興奮不已，因為大家可以在《創勝心態》中，學到由全球最厲害的大師提供的勝利技巧，學習那些經過時間驗證的成功原則。

——作家／艾瑞克・「棒棒先生」・史萬森

丹尼斯・魏特利是我這二十年來的偶像，《創勝心態》就像一塊寶石，一如丹尼斯是人類的珍寶，讓我激動又興奮地拜讀。書中處處都是智慧的結晶，讀到前幾章的某個地方時，我真的大笑出聲，因為我感覺這就是自己的心聲！這本書不只該讀，而且要狼吞虎嚥！

——《失業的百萬富翁》作者／麥特・莫里斯

身為一名從苦苦掙扎的單親媽媽，到擁有數個百萬事業的女性，我知道「信念」就是我的全部。我好高興我讀到了這本書，它幫助我邁向更高的層次，所有我合作過的年輕女企業主都需要這本書，任何想要明白如何改變自己的人，更是非讀不可。

——Boss Beauty Makeup Academy、Sinner's Tattoo 創辦人／蘇哈・伊布拉希姆

《創勝心態》是一部破天荒的作品、革命性的傑作！它提供的致勝原則有科學佐證，並能帶你邁向更高層次。如同丹尼斯在書中說的：想要真正了解如何在商場及人生中勝出，一切都要從你腦中的線路設定開始做起！

——**《洛杉磯風格雜誌》發行人及創意總監／崔西亞・樂芙・瓦格斯**

丹尼斯・魏特利豐富的人生經歷，讓他驅動員工像老闆一樣思考和行動的能力「領先群雄」，而且方法又如此簡單：盡你所能，讓每一個人閱讀和聆聽他的教導。

——**《追求卓越》共同作者／湯姆・彼得斯**

這個男人多才多藝，他的演講和寫作改變了無數生命，他就像打造了一面魔鏡，每一個照鏡子的人，都會看到自己可以搖身一變，成為什麼樣的人。

——**《世界最偉大的推銷員》作者／奧格・曼迪諾**

丹尼斯．魏特利是教導成功人生原則的佼佼者。

——**暢銷作家／羅伯特．舒勒**

丹尼斯．魏特利極其生動地讓我們明白，「神話般膚淺的成功」與「貨真價實的勝利」之間的差異是什麼。

——**二十世紀哲學家／厄爾．南丁格爾**

丹尼斯．魏特利是這個時代最懂得鼓舞人心的人，他擁有世所罕見的能力，能夠激勵每一位聽眾與讀者。

——**《積極思考的力量》作者／諾曼．文森特．皮爾**

我曾多次與魏特利博士共事，我的忠告是：閱讀、聆聽你能從這位先生身上得到的一切。

——**UCLA籃球隊榮譽總教練／約翰．伍登**

從丹尼斯．魏特利向本校的全國冠軍隊致詞開始，我就成為了《致勝心理學》的信徒。

——**前喬治亞大學體育主任／文斯．杜力**

我從未見過不需要幫助的人，對我來說，丹尼斯．魏特利一直透過他的錄音帶為我帶來幫助，對此我永懷感激。

——**前超級盃冠軍匹茲堡鋼鐵人隊後衛／洛基．布萊爾**

從我遇見丹尼斯．魏特利的那一天起，他就是我靈感的來源，能與他共事更令我深感榮幸，在我悲傷、低潮的時刻，我都會想到他的溫暖笑容。

——**奧運田徑金牌得主／威瑪．魯道夫**

丹尼斯・魏特利告訴我們如何克服挫折、找回自尊，以及如何應用他的務實策略來設定目標——魏特利的方法非常有效！

——**積極心態運動先驅／克萊蒙・史東**

有哪位男士（或女士）不珍惜成為贏家的夢想？丹尼斯・魏特利帶給世界一張可以成功實現夢想的藍圖。

——**玫琳凱化妝品榮譽董事長／玫琳凱・艾施**

我始終相信，就算擁有贏家天賦的人也需要堅忍與努力，丹尼斯・魏特利的研究證實了這項前提，而且他饒富創意，帶領我們一步步成為事業生涯及日常生活中，始終如一的頂尖人士。

——**史托巴克公司總裁、NFL達拉斯牛仔隊名人堂四分衛／羅傑・史托巴克**

丹尼斯擁有特別的內涵，他是我們每一個人的心靈導師！

——**NBA邁阿密熱火隊總裁／派特・萊利**

丹尼斯・魏特利的致勝心理學改變了我的一生，我汲取他的力量，幫助我作出影響美國運動員的決策，讓其中許多選手達到了世界級水準。

——**美國空軍退休上校／湯姆・威金森**

前一次我拜訪丹尼斯時，他暢談了所有他還沒寫下來的構想與內容，現在我好感謝他寫的這本《創勝心態》，還有他教給我們那麼多的東西，好棒的一本書！

——**「高績效資源公司」創辦人／湯尼・傑瑞**

有很多作家、講者、激勵大師教過我關於「勝利」的看法，但沒有人比丹尼斯・魏特利的見解更傑出，恭喜這部最新、最棒的勵志傑作得以問世！

——**顛峰績效與銷售專家／麥可・艾舒勒**

好友丹尼斯又辦到了！這本《創勝心態》是來自他才華的餽贈。謝謝你，丹尼斯，這又是一件寶物。

——**作家、講者、激勵專家／湯尼・亞歷山卓**

給我最親愛的孩子、孫子和曾孫，
你們都是我的「為什麼」的精髓。
你們每一個人，
都以自己獨一無二的方式學會與人為善、
珍惜自然世界的所有生命。

Contents

前言

一九七六年是值得懷念的一年：一家名叫「蘋果」的新公司由史蒂夫・賈伯斯（Steve Jobs）和史蒂夫・沃茲尼克（Steve Wozniak）創立；NASA（美國航太總署）讓第一艘太空梭公開亮相；納迪婭・柯曼妮奇（Nadia Com neci）在奧運體操項目拿下史上第一個滿分；協和號（Concorde）超音速噴射機投入服務，將橫越大西洋的飛行時間大幅縮短為三個半小時。

同一年，在一間地區教堂，一個沒沒無聞、名叫丹尼斯・魏特利的作者錄了一些卡帶，後來成為《致勝心理學》。那奠定了一個有聲課程的基礎，而該課程最後在一九七八年推出，改變了自我成長有聲出版品的歷史。後來，初版《致勝心理學》成為史上最暢銷的有聲課程，總共銷售兩百多萬件，銷售額達一億美元。

這一系列構想到底在講些什麼？為何能協助奠定今天表現突出的個人發展與勵志產業的基礎呢？那彙集了務實、易於應用且足以改變人生的內容，並展現了作者的真誠和可信。

課程內容揭露了真正的贏家要具備的十項特質，不是採用那種一派天真的激勵演說風格，而是根據有紀錄為證的長年科學研究，直截了當地闡述。丹尼斯・魏特利運用他對頂尖奧運選手的研究，鑑定出讓贏家脫穎而出的五種態度特質和五種行為特質。他發現這些概念也可以應用在各行各業的民眾身上，幫助他們實現更快樂、更成功、更充實的生活。該課程銷售出色，丹尼斯更收到數千封來自世界各地的感謝信和 email，在在證明課程內容確實不同凡響。

一如全球數百萬人所發覺，這些概念背後的那個人同樣出類拔萃。在美國海軍官校拿到理學士畢業後，丹尼斯後來被傳奇醫學研究員約納斯・沙克[1]聘為沙克生物學研究所[2]的籌資人員。深受沙克啟發，他在擔任國際進修教育協會（International Society for Advanced Education）會長期間輔導遣返母國的越戰戰俘，並為阿波羅[3]太空人舉辦模擬情境及壓力管理研討會；一九八〇年代，他出任美國奧會運動醫學委員會（Sports Medicine Council）的運動心理學主席，負責提升美國奧運選手表現；他也因為在提升高中青年領導力方面的傑出貢獻，獲美國國家青年領導力會議（National Council on Youth Leadership）頒發「青年火焰獎」（Youth Flame Award）。

綜觀其事業生涯，丹尼斯輔導過各個領域的贏家，從阿波羅太空人到美式足球超級盃冠軍，從成功銷售員到政府領導人和青年團體，他憑藉獨特的溝通天賦達成任務、寫了十六本非文學書籍，其中多為國際暢銷書，也在世界各地發表演說。他已入選國際演說名人堂（International Speaker Hall of Fame）[4]。

1 譯註：Jonas Salk，一九一四～一九九五，即小兒麻痺沙克疫苗的發明人。

2 編註：Salk Institute for Biological Studies，一九六〇年由約納斯・沙克創立，位於美國加州，是美國生命科學領域成果最多、品質最高的研究機構之一。

3 編註：美國航空暨太空總署（NASA）從一九六一年至一九七二年期間從事的一系列載人登月太空任務。

4 編註：一九七七年二月，美國演講者協會（NSA）設立了同行委員會卓越獎（CPAE®）演講者名人堂，以表彰達到卓越平臺頂級水平的專業演講者，入選名單可見：https://www.getmotivation.com/motspeakers.htm

你也許會問：「這是相當不錯的歷史回顧，但現在我要面對的是二十一世紀的挑戰與機會，這些對我的人生有影響？」

這就是這本書要探討的，在這裡，丹尼斯更新了他原創的致勝寶典，讓你能以更貼切、更實用的方式應用這些概念，這就是——《創勝心態》。

自丹尼斯在一九七〇年代錄下他的原創經典以來，世界已發生無數變遷，使當今世界與過去相比，簡直面目全非。我們已經告別工業時代晚期，進入數位及後數位時代了。

市場和個人生活的數位化，特別是透過智慧型手機的數位化，如何影響丹尼斯最早的訊息呢？科學，尤其是神經科學的重大發展，是支持，還是改變了丹尼斯對培養新習慣和心智發展的建議呢？當前的市場趨勢如何影響生涯發展和創業成敗？社會習俗和規範的重大變革，又是如何影響尋找生命意義、發展個人幸福，以及建立能實現自我的人際關係等要務？

請讀下去，丹尼斯將以迷人的會話風格，回答上面所有疑問和更多問題，並提出新的構想、研究，以及在二十一世紀自我成長領域立即可用的技術，而且都將以他真誠、平易近人的風格展現給你，亦不失幽默。

Chapter

1

新的致勝典範

且讓我先聊聊我的成長過程，以及它如何為我一生的志業奠定基礎。一九三〇年代初期，我在加州聖地牙哥長大，小時候，我以為每個人都住在價值一萬一千美元的房子裡，月繳貸款三十三美元。我的午餐通常是母親準備，多半是一個三明治加一顆蘋果；三明治是兩片麵包抹一點美乃滋、一點Nucoa奶油，還撒了點鹽巴和胡椒（Nucoa是豬油，裡面擠了點橘色藥劑，讓它看起來像奶油）。我問：「這是什麼？」

「雞肉三明治。」

「可是雞肉在哪裡？」

「那是沒有雞肉的雞肉三明治，你得去店裡買雞肉。」

那個年代當然沒有電視、電影票一張十分錢，而我們全都和家人一起住在小房子裡。我從來沒有餓著肚子上床睡覺，但我得承認我吃了很多豬肉和豆子、番茄湯、花生醬三明治、Ritz餅乾、Jell-O果凍搭雞尾酒，那些是我們的主食，而我們以為大家都一樣。

大概八歲的時候，我們聽到小羅斯福總統[5]講什麼「昨天，一九四一年

5 編註：Franklin D. Roosevelt，一八八二～一九四五，第三十二任美國總統。

十二月七日，是永遠的國恥日。」沒過幾天，德國就向我們宣戰，自此我們開始秉持戰時心態，直到我高中四年級。

在戰爭的年代，我們沒有錢，但我學會很多東西。我每星期都會騎腳踏車到圖書館借本新書，我的借閱證是張橘色卡片，上面蓋了很多小戳記，那對我來說比今天的萬事達卡[6]還珍貴。閱讀是我們一家子會做的事，我們讀書、聽收音機，這就是我長大後變成「聽覺人」的原因，我記得比較多我聽過和讀過的東西，我看過的反而印象沒那麼深刻。

這就是我最早的回憶，我有美好的童年。我們玩牛仔和印地安人、警察抓小偷和打仗遊戲；我們打陀螺、打彈珠、去戶外玩耍；我們可以去城裡任何地方，天黑前回家就好。門永遠不上鎖，我們沒聽說什麼犯罪的事情。

我幾乎完全忘記是家父刻劃了我這個信念：我的人生只能透過我的眼睛觀看。似乎不可能是他，因為他早在一九四二年我九歲時就離開家了。母親常說他是失敗者，說他遺棄我們，她一再執著於他的過錯，使我覺得困惑、沒安全感。後來我得知事情的不同版本。

父親的童年相當難熬，生活艱困，不時遭到拒絕。他聰明、有天分、對非洲野生動物充滿熱情，從不對我們小孩發脾氣或口出惡言。他很早就放棄他的潛力，而一如我長大後所了解，他決定靠他的長子——也就是我——實現人生，許多未竟理想的父母都是如此。他為人風趣幽默，但我隱約記得他老是在自嘲，不時貶低自己：「我錯過我的船班了，但你們會趕上你們的。」他會拿起一包駱駝牌香菸，說：「這些東西會害死你，所以有人叫它們『棺材上的釘子』。一天一包菸，壽命短十年。」果不其然，這是他自我應驗的預言。

我在這本書的編輯階段，突然莫名想起一九四二年三月的連續兩個晚上，我無法解釋為何我原本忘得一乾二淨，也無法解釋為何那現在又像一道閃電打到我。

父親在就寢時間離開我房間時，會靠在我門邊的開關，摩擦一番，然後

6 編註：萬事達國際組織通過其會員發行萬事達（MasterCard®）信用卡、簽帳金融卡和子品牌萬事順（Maestro®）簽帳金融卡。

「變魔術」一般吹熄我的燈，就像吹熄生日蛋糕上的蠟燭那樣。他會一邊做這個例行公事，一邊說：「現在我要吹熄你的燈了，你房間要變黑了。事實上，對你來說，整個世界都要變黑了，因為你以後唯一認識的世界，是透過你自己的雙眼看到的世界。晚安。」

以我當時的年紀，這番話難以理解。很難想像為什麼在我入睡時整個世界都會暗下來，為什麼我唯一認識的世界，是透過我自己的雙眼看到的世界。父親想告訴我的是，在我夜晚入睡時，對我來說，這個世界停下來了。當我清晨一覺醒來，如果保持光線明亮，我可以選擇透過自己的雙眼看到嶄新的世界。換句話說，如果我醒來是快樂的，這個世界就是快樂的；如果醒來時感覺不好，世界就沒那麼幸福了。

隔天晚上永遠改變了我的一生，他在吹熄我的電燈時追加了幾句：「我的意思是，在你的右耳和左耳之間那個了不起的地方，你的大腦，就是你的宇宙。你選擇怎麼看待人生，會決定人生在你面前的樣子。」然後他親了我，輕聲說：「再見了。」當然，那時我並無法理解他所說有關大腦的事。

但即便才九歲，我也明白「晚安」和「再見」的差異，於是哭著入睡。

後來我發現，其實父親並非像母親悲嘆的那樣遺棄我們，而是入伍參戰，在一艘航向南太平洋的油輪擔任軍官，一去就是三年。那支艦隊每艘船都載運六百萬加侖的油，供給轟炸機、坦克、吉普車和船隻所用80%的燃料。壞消息是他那艘船經常被日本神風特攻隊鎖定；好消息是每一波攻擊行動都失之毫釐。

戰後回國，他搬到洛杉磯展開新生，我一年只見他一次，直到他在一九八四年過世。他始終不知道我是講者和作者。他從來沒讀過或討論我哪一本書，他從不知道一九四二年那兩個晚上孕育了我開創性工作的前提，因為我從來沒有告訴他。

多諷刺啊，竟是那兩個深埋記憶的夜晚，成為日後「致勝心理學」的核心。我曾誤以為那跟我所做的戰俘研究有關——他們長年受困孤立之中，只活在自己的思想裡面——並非如此。那個簡單的前提真的就是父親給我的禮物：「生命是透過觀者的眼睛感知的，那並非發生在你身上的事，而是你要如何接受它，怎麼理解它。」謝謝你，老爸，雖然現在道謝有點晚了。

信不信由你，我在一九四〇及五〇年代的聖地牙哥長大，沒有遇過太多種族偏見，我的高中校長是非裔美國人，而那所學校只有三名非裔美國學生，我們那個中產階級社區的領導者也是非裔美國人。

我喜歡我的童年，雖然我得說不時有搭雲霄飛車的感覺，我爸媽老是在爭執金錢或某些生活方式的問題，他們吵架的時候，我常拿枕頭蒙住臉，哭到睡著，最後他們離婚了。

我也得歸功於我幾位老師，特別是八年級教社會科學的希里老師（Mr. Seely）。希里老師菸酒不沾，雖然有點年紀了，他還是可以從窗戶跳出去，追趕我們國中的無賴。

我八年級畢業時，希里老師送我詹姆斯．艾倫（James Allen）寫的《你的思想決定業力》（*As a Man Thinketh*），那本書儼然成為我的迷你聖經，也成為我第二珍貴的財產，僅次於圖書館借閱證。我讀了又讀，一讀再讀，書裡說人生就像花園，而我們都是園丁。

後來上了高中，教我創意寫作課的是克拉克老師（Mr. Clark），他說：「丹尼斯，你很有說話的天分，話語好像自己從你舌尖溜出來，而你表達自我的方式充滿詩意。」

我說：「這樣啊，克拉克老師，這可能是我時常閱讀的關係。我喜歡閱讀，喜歡在心裡展開想像的旅程。」

「你真的有寫作的天分，」他告訴我：「你該好好發展。」

十二歲時，我寫過一首標題為〈一部自傳〉的詩。

我的名字不重要。
甚至沒有人知悉。
我的臉孔不眼熟；
從不露痕跡。
其實我不是真的活著
除了在人心裡，
一年只想起一次，
然後再度忘記。

我沒有悲傷哀愁，
不知痛苦的意義，
因為我只是個無名士兵
沒有枉費生命。

十五歲的時候，我把那首詩拿給克拉克老師看。他說：「你真的該培養寫抒情詩的能力，你似乎很喜歡押韻，你是那種寫詩歌的人。」我認為這些早期的影響促使我以更富有詩意的形式說話和寫作。

對我一生影響最大的人是我的祖母瑪貝爾（Mabel Reynolds Ostrander），她來自英國，曾從事校對工作，她可能是我最愛的人。每當爸媽吵架，我都等不及踩腳踏車到十哩外她的住處，跟她一起種植我們的「勝利菜園」（二次世界大戰期間，我們得自己種植蔬菜，因為農民生產的蔬菜都被運往海外給作戰官兵了）。「偉大」的種子就是在當時深植我心——在九到十一歲間，我祖母住在聖地牙哥西賓夕凡尼亞大道的小木屋裡。

我不是以贏家的姿態來寫《致勝心理學》這本書，我是為我自己寫的，因為那時的我一敗塗地，我不是在暢談我做了哪些成功的創舉，而是從觀眾席走上臺，告訴大家：我就跟每個人一樣。我當兒子、丈夫、父親時犯了很多錯，現在當了祖父和曾祖父也仍在犯錯；我活了夠久、犯了夠多錯誤，使得我的經驗（如果我沒有重蹈覆轍的話）成了智慧。

《致勝心理學》的概念，最早其實是在馬里蘭州安納波利斯美國海軍官校發展的，我不喜歡安納波利斯，因為我不想當海軍上將，我想成為像羅德・塞林[7]那樣的作家，希望能撰寫出色的電影劇本。我想進史丹佛或南加大，可是韓戰[8]在我高中四年級時爆發，我沒有被徵集，反倒去了安納波利斯。在海軍官校，我發現我在英文、西班牙文和宴會後的演說課是班上翹楚，軍事和工程學科則墊底，因此我的組織管理及工程學理學士學位對我希望做的事沒多大用處，甚至對我從安納波利斯畢業後分派的任務也沒什麼幫助：我即將擔任以航空母艦為基地的高效能核武運載飛行員。

7 編註：Rod Serling，一九二四～一九七五，美國的編劇、劇作家、電視製作人、解說員和主持人。

8 編註：一九五〇年代發生在朝鮮半島的一場戰爭，中華人民共和國、蘇聯出兵支持北韓，美國與其他十六國組成的聯軍則出兵支持南韓。

飛行員的經驗告訴我，如果你在操練時做得對，你在實際的情況中也會做對。我學會「熟能生巧」的道理，而我順利通過多次試著把飛機停回母艦的模擬訓練，因為我是個駕駛高效能工程裝置的詩人，我只知道要轉動鑰匙、加油、起飛，然後試著降落，你要盡你所能，並祈禱平安返回母艦。

在海軍官校時，我參與音樂社團演出，也發表過幾次宴會後的演說，有人問我：「如果你喜歡用言語表達自己，為什麼還要來這裡？」

「因為我要報效國家，大家都這麼做，不是嗎？」

「是沒錯，但你不像以海軍為職志的那種人。」

我說：「我想，只要戰爭還沒結束，海軍就有我的空間。」

在我離開海軍、扶養自己的家庭後，我進入沙克生物學研究所，擔任沙克博士，也就是小兒麻痺症疫苗發明人的籌資專員。他介紹我認識一些見解超群的人士：心理學家亞伯拉罕．馬斯洛[9]、人本研究中心的卡爾．羅傑斯[10]，還有納粹大屠殺倖存者／振聾發聵的《活出意義來》（*Man's Search for Meaning*）作者維克多．弗蘭克[11]，以及精神科醫師威廉．葛拉瑟[12]。沙克博士告訴我：

「丹尼斯啊，你可能是個非常危險的年輕人，你有豐富的想像力，事情再複雜，你也有能力把它說得詼諧逗趣。但要記得一件事：釐清事實、弄清真相，凡事要以科學為根據，別再跟人家說他們可以在水上漫步。」

後來我在加州拉霍亞沙克研究所附近一所「精緻」大學唸研究所，那是一所進修大學，走在時代尖端。雖然文憑不被承認，若換成今天來看，它會是需要一邊求學一邊賺錢的人的首選，因為你會同時拿到工作和人生經驗的學分。那時我進行的研究，其實和小女黛娜（Dayna）拿到加州大學聖地牙哥分校碩士學位後做的一樣。

我花了將近整整三年半的時間，每天晚上、每個週末，手忙腳亂地應付

9 編註：Abraham Maslow，一九〇八～一九七〇，美國心理學家，以提出需求層次理論而聞名。

10 編註：Carl Rogers，一九〇二～一九八七，美國人本主義心理學家，人本研究中心（Center for the Study of the Person）的創始人之一。

11 編註：Viktor Frankl，一九〇五～一九九七，奧地利神經學家、精神病學家，維也納第三代心理治療學派－意義治療與存在主義分析的創辦人。

12 編註：William Glasser，一九二五～二〇一三，美國精神科醫生，心理治療中的「選擇理論」（Choice Theory）及「現實治療法」（Reality therapy）的創立者。

作業和教務會議，先後拿到人類行為學的碩士和博士學位，我的博士論文是探討遣返戰俘事宜。

我找不到任何書面證據，證明韓戰期間曾有戰俘逃離最低設防營（minimum security camp），他們只逃離最高設防監獄。在最低設防監獄，獄方會設法給你洗腦，告訴你共產主義多棒多棒，他們給囚犯較多食物，給囚犯香菸，還會把故鄉寄來的信轉給他們。若囚犯合作，他們就會給予一些特權，那裡沒有警犬、沒有鐵絲網、沒有機關槍，但沒有人嘗試脫逃。

為什麼？因為獄方把領導者和追隨者分開了，他們把追隨者，也就是應徵進來的士兵，關在最低設防營。如果你不知道自己要往哪裡去，或回家後要做什麼；如果你沒有明確的目標，也沒有宗教信仰——他們知道或許可以洗你的腦，讓你接受他們的思想，所以他們會給你活下去的理由。至於領導者，想回家跟家人團聚的人，他們會關在最高設防監獄。

因為囚犯不能外出或做別的事情，他們只活在自己的心理，因此成為致勝心理學的核心要件。我為我提案的有聲書擬了一句簡單的前提，我說：「生命是透過觀者的眼睛感受的，那並非發生在你身上的事，而是你要如何接受它，怎麼理解它。POW——這是指戰俘（prisoner of war）、威爾斯王子（Prince of Wales）、女性的力量（power of women），還是增重（purring on weight）呢？」小時候玩打仗遊戲時，POW也可能是槍聲，對我來說，那最後的意義是「致勝心理學」（psychology of winning）。我採用「POW」的概念，以遣返戰俘做為課程的模型，我改寫我的博士論文，讓它變得對大眾比較有趣，也改寫成後來做為有聲課程和書籍出版的手稿。

如果你問我，致勝心理學的概念中，我覺得哪些最為重要？其中一個會是：我跟最棒的一樣好，但不比其他人出色。自尊不必靠「贏得」，不必以你做了什麼為根據，你不必證明你的價值，因為那在你被創造時就已內建好了。那就像鑽石，需要切割琢磨來顯現珍貴的價值。

換句話說，我之所以好，是因為黏土的本質好？還是必須捏塑黏土，才能顯出它的珍貴呢？我有潛力超越現在想像的自己嗎？我有辦法離開我的鄉里、我的環境嗎？有辦法擺脫我塞進的制服嗎？有可能長成我想成為的人嗎？我相信：相信你的潛力，就是自尊的精髓。

透過一點一滴的成就，證明你對自己的信念是真的，就可以建立自信。自尊讓你相信你有值得發展的內涵，那會為你創造探索、學習、閱讀、尋找榜樣和發掘自我的機會，因為你相信自己可以超越現況。你的出身無關緊要，你就跟任何人一樣好——沒有更好，但一樣好。

在安納波利斯和擔任飛官期間，我學會自律，那是一種韌性，讓你受挫後反彈、能夠處理失敗的方式。失敗為成功之母，你不喜歡失敗，但你會經歷失敗。就我所知，沒有哪一位成功人士不是先一再經歷失敗、從失敗記取教訓、以失敗做為修正工具的，然後他們會捲土重來，再冒一次險，因為在處境變得艱困時，他們擁有紀律和韌性，所以能夠堅持下去。

我童年時期還有一個極具影響力的人，原本可能帶我走上不一樣的途徑。父親離家後，母親變得忿忿不平，因為她得和三個孩子綁在一起，丈夫先去打仗，之後又走他自己的路，她開始怨恨自己得負擔我們小孩子的生計。十四歲以後，我一輩子再也沒聽她說過一句鼓勵的話，我要去打棒球的時候，她會對我情緒勒索：「哇，真好，你能跟朋友一起玩，玩得痛快，而你媽得當你的奴隸，幫你準備晚餐。沒關係，不用擔心我，我沒事，我會幫你做飯，你只管玩得開心就好。」

我會說：「媽，我沒有一定要去，我會去整理房間，然後刈草。」我開始覺得內疚，也開始對自己失去信心。

母親非常負面，原因我可以理解。最終，她跟我解決了那些問題，在她九十七歲過世時，我將她擁入懷裡。

當我騎著腳踏車來到祖母家中，一切隨之改變，她會說：「哇～潛力先生來了，我們去播下這些種子，種點菜，等會請你吃一塊蘋果派當甜點。」她會說：「哇～你刈草刈得真好。」還有，「噢，看看接下來會怎麼樣。」

在我自認是個泛泛之輩時，祖母會給我鼓勵。由於母親的緣故，我的自尊有個裂縫，不論我要做什麼，我得證明自己，我認為我們必須有個特別的對象，讓我們對自己有點信心。我祖母只因為我有潛力，還有善於刈草，就讓我覺得自己特別，那幫助我突破現狀，成為更好的人。

不時有人問我，從我在一九七〇年代出版第一版《致勝心理學》至今，致勝的典範發生什麼樣的轉變？的確，今天一般大學畢業生進入的世界，似乎與當時的世界天差地遠。

整體而言，我不覺得致勝的基本原則有那麼大的轉變，唯獨勝利的概念變了。「對手倒下，我們屹立不搖」，以及「想方設法得第一」的觀念終於變了。這一路走來相當辛苦，因為人們只看贏家，就像典型的 Nike 口號說的：「你不是勇奪銀牌，而是輸掉金牌。」人們都是從贏家和輸家的角度看待人生。

勝利是永恆的，因為綜觀歷史，勝利都是關於幫助他人、關於滴水之恩湧泉相報，自古以來都是如此。古希臘的勝利觀，也就是催生出奧林匹克運動會的概念，最重要的是：大家一起來運動場競技。希臘文「gymnos」意為「裸體」，奧運會意味著你要赤裸相搏，並用世界一流的標準來考驗自己，看看能否躋身贏家之林，你希望的是達到某種卓越的標準，而不是試著打敗別人。

致勝的基本原則始終未變，那是將你與生俱有的潛力發揮得淋漓盡致，並在你實現夢想的同時也協助他人。因為一個人「心怎麼思量，他為人就是怎樣」（箴言23：7），你多數時候怎麼想，你就會變成那樣，思想會變成實物。

從古到今，這些原則始終一致，這裡的一切未曾改變，劇烈改變的是交付系統。人集中注意力的時間變短了，及時行樂的欲望變強烈了——現在就要，且願意蠶食而非鯨吞。知識和資訊傳輸的速度也截然不同，現在不怎麼談哲學，也不再深入了解歷史，我們在三十秒或更短的時間匆促、預先、近距、各自學習一切，我們的文化也多少變得膚淺。

關於現今的多元化訓練，我們都聽過很多事蹟，你會以為此刻大家都已明白，多元化指的是你的親身經歷：擁有多元的背景，不論你來自何方。但那似乎仍不出你用眼睛看到的東西：人們的穿著、人們的外表、人們被理解的方式。這是比較膚淺的回應，因此信不信由你，今天的勝利也比一九七〇年代來得膚淺。

我相信我們主要是透過「模仿」來學習，我們會觀察榜樣，不論好榜樣或壞榜樣，例如名人、運動偶像、好萊塢及搖滾明星，或許還有靠小小數位app白手起家的企業高層。

我們觀察、我們模仿、我們重做他們做的事，重複，一再重複，這就是我們主要的學習方式。價值觀通常不是靠教導，而是經由觀看來學習，我們看我們的爸媽，看我們的師長，看電視上的榜樣，學習他們的言行舉止。那看起來很酷，看起來挺不賴，我們亟欲歸屬於某個團體，我們想要被需要。我們甚至會加入幫派，就算那是錯的，至少有人接納我們，我們是團體的一分子。

榜樣具有極其強大的學習意義，運動員可能會說：「我是表演者，不是什麼榜樣。」但其實你正是最大的榜樣，因為人們崇拜你，想跟你一樣。他們想穿得跟你一樣、看起來跟你一樣、球打得跟你一樣、拿到跟你一樣的待遇，跟你一樣大名鼎鼎。

但知識就不是這樣了，你可以經由閱讀獲取知識，也可以上學獲取知識。如果你有自覺、肯反省，你可以從人生的畫布後退一步，誠實地照照鏡子，看著鏡子後面那個人說：「我擅長什麼？相信什麼？什麼對我重要？我長大後真的想做什麼？」這必須透過自省，確實有自知之明才辦得到。但在我看來，我們今天不大這麼做了。

但那正是我常出這個謎語的原因：如果我們知道自己知道什麼，為什麼還要做我們做的事？因為：我們做的不是我們知道的事，我們做的是我們學到的事。我們是經由觀察、模仿、做其他人在做的事情來學習，那成了第二天性，就像開車或刷牙那樣。我們是透過「重複」來做，之後那會成為習慣，一旦我們養成某種習慣，就連想都不會去想了。

大家都知道最好不要抽菸，大家都知道開車最好不要暴怒，我們觀察過駕駛勃然大怒的後果，學到了這點。我們是透過觀察別人的言行舉止來學習，尤其是危險或壓力的情境，那就是我們主要的學習方式。

從一九七〇年代我開始寫書到現在，對於「心智」的見解已大幅轉變，事實上，我們在過去十年學到的，可能比在那之前的五十年還多。早期的知識主要以諸如麥斯威爾．馬爾茲[13]的《改造生命的自我形象整容術》（*Psycho-Cybernetics*）等書籍為基礎，這本書在一九六〇年出版，把心智比作你會在飛彈或魚雷裡看到的那種導航電腦。你會看到目標進入視線範圍，而你擁有一枚內建導航系統的追蹤魚雷，你把魚雷發射出去，它會沿路進行修正，運用負回饋來擊中目標，要是程式設計得不夠明確，它就會四處漂流，心煩意亂。

13 編註：Maxwell Maltz，一八八九～一九七五，美國整形醫生。

在一九七〇、八〇年代《改造生命的自我形象整容術》炙手可熱之際，人們就是這樣描繪心智特性的。

我曾把心智比作《星際大戰》（*Star Wars*）的R2－D2機器人，這就像是我有一部小機器人跟著我到處走動，我告訴它我在想什麼，告訴它我看到什麼。我告訴我的小機器人我所有的希望和恐懼，它會仔細聆聽，並且把聽到的一切記起來。一開始，我的小機器人會按照我的指令行事，但經過多年訓練後，它開始不聽使喚。它不在乎是非對錯，也不在乎真假了，現在不管我如何嘗試，都換成它叫我去做什麼了！

回到海軍官校，即使在一九五〇年代，我們也有航空器認知訓練，那對身為飛行員的我非常重要。我得在一百二十五分之一秒內判斷某架飛機是友是敵，我們用幻燈片學習，看百分之一秒一閃而逝的黑色輪廓；我們要觀察我軍所有飛機，觀察所有客機；我們要觀察每一種型號的俄國飛行器；我們要觀察上述每一種飛機如何在遠方閃過我們眼前，根本無從辨識。那些影像移動得如此迅速，我們甚至連看都沒看到，然而在訓練結束前，我們全都做到100％辨識正確。於是我了解我們神奇的大腦會儲存它吸收的所有資訊，儲存在那裡等待檢索，就像資訊記錄系統那樣。我們以為心智就像電腦硬碟，它什麼都儲存，而我們可望能把不好的東西刪除，存入新的資訊。

近年來，神經科學方面有了劃時代的突破，我們已經發現，大腦極具可塑性。它一直在調適，神經元永遠在一邊發射，一邊改變。我們發現我們可以在大腦裡生成新的神經路徑，一旦行為重複，神經路徑就會變得更穩固，直到行為變成新的常態，如果我們把大腦看成一系列的馬路和地面街道，我們的思想便是交通。以前我們認為心智就像電腦的硬碟，但神經科學已證明我們其實可以透過嵌入新的資訊來改變硬碟的本質，我們並不是拿新資訊蓋過舊資訊，而且我們當然什麼也沒有清除掉。

神經科學已證實我們可以戰勝各種恐懼症，我們可以克服中風、心臟病或受傷造成的損害；我們發現大腦遠比我們以往了解的宏偉，而且有極佳的適應力。神經科學推翻了許多我曾深陷其中的迷思，例如，我曾依據「才能都是天生的」這個前提行事：手指靈不靈活、對色彩的感知、記憶和做數字工作的能力……等等，這些都是天生的，是從我們的父母、祖父母和曾祖父母遺傳來的。世上有十九種可識別的天賦，而我影響了近五萬人投入天賦測驗，找出自己擅長什麼，那些測驗聲譽卓著、有科學根據，至今仍是發掘天生能力的最佳途徑，特別是考慮學術主修或生涯決定的時候。

現在，透過神經科學，我已經明白，你可以學會你原本沒有能力做的事，換句話說，就算你沒有音樂天分，你也可以學會彈鋼琴。之前我以為不能，我以為就是有某些事情是天生的，走阻力最小的路是明智之舉。

現在我們明白，大腦適應力超強，強到你可以學會彈鋼琴或其他不在你才藝表演或遺傳天分的事物，這為人們的「第二生涯」、新嗜好和副業開啟了全新的世界。我們可以說，神經科學已經和心理學合而為一，證明大腦遠比我們之前想像的機靈巧妙，換句話說，那不僅僅是我的作風，不僅僅是我的個性，個性是天生的，行為是習得的。

我曾說多數人都是「含水的機器人」（moist robot），乍聽下我有點高傲，但我真的不覺得比任何人優越（如我所說，我覺得我跟任何人一樣好，但沒有比誰更好）。我會提到「含水的機器人」，是因為我在環遊世界時——中國、中東、非洲、拉丁美洲及東歐各國——在巴士、子彈列車、街上、餐廳裡，看到人人都看著自己的智慧型手機，緊盯不放，彷彿那是他們生命中唯一能指引他們的明燈。我們都含有水分，我們有皮膚、有血液、有骨骼；我們有感覺，我們有情緒；我們是人。但慢慢地，我們愈來愈離不開虛擬世界，甚至還有虛擬的朋友、寵物、情人和分身。

技術賦予我們即時、立刻和世界任何人交流的能力，只要用手指碰一下，世界每一間圖書館就在眼前。我們什麼都可以學，我們可以和永遠不會親自拜訪的人保持聯繫，技術把家人凝聚得更緊密，讓你可以在螢幕上看到孫子的實況，這是技術美好的益處。

然而，技術也是「親密」的敵人，親密意味彼此近距離相處，讀得懂彼此的身體語言、語氣和表情，有人試著獲得虛擬的氣味和虛擬的味道，但這和親自接觸不同。雖然現在是人類有史以來最創新的時代，但我們必須了解，技術確實妨礙了我們和他人密切的個人接觸。

我們變得如此技術導向，使「臉書」（Facebook）明明不是面對面，也看似面對面，推特（tweet）明明不是觸碰（touch），也看似觸碰。但文字訊息不是觸碰，那跟同坐一桌，和你在乎的人討論事情不一樣。你不能看著對方的眼睛、把手伸過去輕觸對方的手，或在離開時拍拍對方的肩膀。

我一直希望大家可以退後一步，深呼吸，換個角度看看鏡子裡面。我希望大家不要只聚焦於自己在他人眼中的樣子，而是著眼於自我意識，好好認識自己。俗話說得好，認識別人需要智商，認識自己則需要智慧。與其拍張自拍，以便和其他人一起被看見，我們更該深入探究自己，找出我們能為別人帶來什麼，能從自己身上貢獻什麼。

當然，我們之所以使用推特、簡訊和 Instagram，是想暢所欲言，但我們得小心，因為言論一旦放上網路，就永遠無法消除了。不管我們「推」了什麼內容、傳了什麼訊息，我們說的話都會記錄在某處，在之後某個時間點反將我們一軍。

我認為新的致勝心理學將能給予人們一種新的方式，依照某種超越時間的卓越標準來衡量自己。無可否認，我們正處於及時行樂和即時感官轟炸的境地，千禧世代和 Z 世代速度快多了，他們學得快，也坐擁全世界的圖書館。

我不會貶低這樣的機會，這是有史以來最好的機會，我只是希望新的致勝心理學能留住永恆的真理，配合神經科學和創新交付系統提供的新優勢，讓我們能夠積極訓練我們的大腦，而不是將這種許可拱手讓給政客、大數據公司、廣告商、名人和新聞媒體。

但二十一世紀和我推出初版致勝心理學的時代，至少有一個面向是大不相同的：對於未來，現在人的集體觀念似乎充滿了焦慮和負面情緒，而在娛樂方面，對未來的反烏托邦觀念似乎又比樂觀更流行。但在一九五〇年代，也就是我成年的時候，世人對未來卻有較多樂觀的展望，如今我們好像陷入了另一個極端之中。

我認為這種趨勢的主因是：有了即時衛星通訊，我們不必等一、兩個星期甚至一個月，才能了解其他國家發生的事，時時刻刻都能看到世界最好和最壞的情況。壞事馬上呈現在我們眼前，而且跟好事一樣多，因為沒有什麼比一起重大災難更適合上晚間新聞了。知名電臺播音員、受人尊敬的故友保羅．哈維[14]常說：壞消息大受歡迎是因為，燒毀別人家的火會溫暖一般民眾，讓大眾慶幸自己沒有在那一天遇難。雖然聽來有點令人不寒而慄，但人性似乎就像飛蛾撲火一般，會受災難強烈吸引。人們愛看英雄跌落神壇；愛擠在

14 編註：Paul Harvey，一九一八～二〇〇九，美國廣播公司（ABC）資深播音員。

馬路旁邊伸長脖子，只為了看車禍有多嚴重；他們喜歡看參加 Daytona 500 賽車的車子撞得稀巴爛——人性會被任何駭人聽聞的事件逗弄得興奮起來。

有了即時通訊，代表世界各地的問題時時刻刻都呈現在我們眼前，因為它們就在每一支智慧型手機上。你會馬上近距離見到世界的慘況——龍捲風、颶風、森林大火或其他問題，包括地球95％人口極度貧困的事實。我們與他們之間不再有隔閡，儘管我們見到世界遼闊、令人屏息的美，卻更常被世上的不公不義不法撼動，因為那似乎就是人性運作的方式。壞消息不脛而走，好消息卻被視同於只適合公共場所播放的背景音樂，沒有人想聽某某人家克服巨大的阻礙，憑努力工作而致富。如果有人致富，人們希望他們是中樂透，或行銷哪款 app 或寵物石[15]或其他新玩意一夜致富，大家都想要一夕成功。

人們亟欲聽到壞消息，因為那讓他們覺得自己沒那麼慘，然而壞消息不會讓我們變得更熱心助人，反而使我們認為或許我們的國家也沒那麼棒。我們開始著眼於國家的所有缺點，才一眨眼，美國的歷史看來就沒有那麼出色了。

如果你想要著眼於自己的毛病，你可以找到一大堆，每當我受人批評（不時如此），我會說：「你一定不知道我所有毛病，不然你不會只挑那一點點講。」我會脫掉鞋子給他們看我襪子的洞；我有凍甲、長很多雀斑、背上有顆大痣；我的耳朵太大了；我正在掉頭髮……如果要我數我的瑕疵，恐怕永遠也數不完，重點是你選擇把注意力放在哪裡，而我認為，新的致勝心理學能提供必要的工具，來以更能提升自信的方式引導你的注意力。

大腦就像內建的GPS系統，GPS是「全球定位系統」或「全球定位衛星」的頭字語，我們每個人都在用。我把大腦視為一種「目標」定位系統（goal positioning system），那就像GPS，而且遠比那多才多藝、優雅且實用，能幫助我們獲取專業和個人成就。

一般的GPS會教你怎麼抵達你想去的地方，「這裡是起點，我從這裡出發，讓我們看看，我想去哪裡呢？我最好給個明確的地址。」

大腦的GPS也一樣，如果我只說我想變有錢或變快樂，我的大腦並不知道怎麼帶我去，它只知道怎麼帶我去明確的目的地。你可以輸入你目前的

15 編註：二十世紀七〇年代中期，美國商人和廣告總監蓋瑞・達爾（Gary Dahl）販售的石頭寵物（Pet Rock）風靡全美國，也讓他成了百萬富翁。

地址，再輸入你想去的地方，這個造物主賜予我們的ＧＰＳ系統，就會盡職地讓我們藉由不斷獲得目的地給所在地的回饋來抵達終點，這就是人腦運作的方式。

與你大腦裡的目標定位系統相比，普通的ＧＰＳ就像鑽木取火，你必須知道你的價值觀何在、天分何在、擅長什麼、年輕時閒暇之餘喜歡做什麼。如果你喜歡在下班時間做的事情勝過你的工作，那是什麼？是何模樣？感覺起來怎麼樣？嘗起來是什麼味道？什麼顏色？什麼質地？現在，請老老實實地輸入你所在地的詳細地址，然後你可以設定一個也許現在無法抵達，但沒有超出視線範圍的目的地。不能超出地圖之外，不是你得搭飛機才能到的地點，而是你可以慢慢開車過去的地方，一次一個小目標，一次一小步。

我認為，這就是新致勝心理學可以帶給我們的東西。我已經學到了，神經科學讓我們得以將充滿負面資訊的地面街道，變成一條高速公路——換句話說，將一組新的指令輸入大腦，讓它創造出一條新的路徑，連到你想去的地方。

如果你能配合適當的重複、視覺化、練習，以及適當的輸入來進行這個過程，我相信它會為你開創全新的視野，你將能運用新的致勝心理學精益求精、提高充實感，並得到你想在生命中獲得的任何事物。

Chapter

2

溫習致勝心理學

接下來，讓我很快回顧一下我在初版《致勝心理學》提到的「人生贏家的十大特質」。

人生贏家的十大特質

（一）正向的自我期許
（二）正向的自我激勵
（三）正向的自我形象
（四）正向的自我引導
（五）正向的自我控制
（六）正向的自律
（七）正向的自尊
（八）正向的自我定位
（九）正向的自我意識
（十）正向的自我投射

第一個特質是正向的自我期許：你可能不會得到你想在生命中獲得的一切，但長期而言，你會得到你所期盼的。期望相當於動機，你不期待自己能夠完成的事，就不會有動機去做，不相信自己將會完成，就不會努力嘗試。

期望與身心相關，因為我們的腦袋裡開了間藥局：雖然大腦沒有感覺，卻能控制所有感覺，發出各種有關「我們想嘗試做什麼」的化學訊號到全身各處和外面的世界。正向的自我期許，也就是樂觀，是希望的生物學：對任何希望成功的人來說，樂觀是最重要的特質。

你一定聽過人家說：「我不是樂觀的人，我老是看事情的陰暗面，我不可能成為那種陽光開朗的人。」但我發現樂觀是可以學習的，假設你是內向或外向的人（這些是天生的特質），但你可以學習樂觀，學會正向積極，也可以從榜樣或啟蒙老師身上學會負面消極。例如，如果你的大學教授說商業是個壞東西，你很可能就會帶著這些期望和你被教導的信仰體系離開學校。

我們未來的可能性並非刻在石頭上，不是無法改變的。在電影《告別昨日》（*Breaking Away*）[16]中，主角的父親對他說：「你是石匠，我們一直都是石匠。如果你想上大學，你可以去，但你天生就是石匠，跟我們其他人一樣。」但這位年輕人想要脫離這種命運，成為優秀的自行車手。我們會被早先的環境困住，但我們可以破繭而出，我希望《創勝心態》能幫助大家脫離那些舊思維。

簡言之，一號特質就是正向的自我期許——樂觀，請記得，樂觀會分泌神經化學物質，助你得到你聚精會神的事物。再說一遍，你可能不會得到你想要的，但你會得到你期望的，這是有醫學理論的。

正向的自我激勵

二號特質是正向的自我激勵：激勵意指行為的動機，動機意指主宰你的思想，也就是你有兩個選擇：可以滿心期待成功的報酬，也可以念念不忘失敗的懲罰。我們不僅以生存為動機，也會受渴望和恐懼驅使，恐懼是非常實際的目標，不過是與我們想去的地方背道而馳的目標。面對恐懼就像在看後

16 編註：一九七九年上映，由彼得・葉慈（Peter Yates）執導，該片榮獲第五十二屆奧斯卡金像獎最佳原創劇本，並入圍最佳影片、最佳導演等獎項。

視鏡，它會讓我們有所作為是因為壞事即將發生，而恐懼讓我們無所作為則是因為，我們受制於我們可能會失敗的事實；恐懼固然能使我們在危機四伏的處境提高警覺，但也會驅使我們往錯誤的方向前進。恐懼是強制力，渴望是推進力；恐懼是抑制，渴望是點火——這些都是我們心智裡最強大的驅動力，贏家會把心力集中在成功的報酬或渴望的結果。

我不會刻意區分贏家和輸家，我認為人有致勝的生活方式和較容易失敗的生活形態，但無法強加分類，他們只是走在一條不變的道路上，激勵意味大腦由行動的念頭主宰，而渴望是做任何事情最好的驅動力。

鼓舞士氣的談話很快就會消散於無形，人們不會記得太久，你可以趁週末去避靜[17]，參加勇氣訓練什麼的，回家時你可能虎虎生風，但那不會持久，除非已經內化。最好的激勵是來自內心，當你到達人生某個階段，激勵會取代財務報酬，成為實現本身目標的個人渴望。我們已經發現，來自內心的激勵比任何形式的外在動機都來得有效。

正向的自我形象

三號特質是正向的自我形象：這在今天尤其重要，年輕朋友每天在他們的小平板和智慧型手機都見得到好多好多形象，甚至不必再想像了。事實上，想像對年輕朋友已經變得非常困難，因為他們腦海裡不再有空白螢幕了，他們在不停閃爍的螢幕上見到的一切，已經占據了他們的腦海。

世界是由想像力統治的，愛因斯坦說得對：「知識受限於我們現在所知，想像力卻能拓展到我們未來知曉的一切。」這就是為什麼想像力是上天賜予人類最好的禮物，而透過虛擬實境，我們有機會創造一個我們能夠實現的世界。如果虛擬形象有情感基礎、重複出現、夠逼真、夠生動且能給你感官回饋，你的大腦就無法區分虛擬和真實形象了；如果你像這樣重複某個形象，那就會成為你的新現實，這就是為什麼饒富創意地運用想像力很重要。請發揮創意，不要只會擔心最壞的情況。

17 編註：retreat，基督宗教信徒的靈修方式之一，主要在一個與日常生活隔離的完善時空中靜默，做個人的深度祈禱和自我省察。

正向的自我引導

第四號特質是正向的自我引導：正向的自我引導意思很簡單：如果你知道你要去哪裡，就會到達目的地；如果不知道你要去哪裡，你會步上別人的後塵，警鈴是否大作無關緊要。

人需要有焦點，先有焦點，才有成功。沙克介紹維克多．弗蘭克給我認識，他寫了《活出意義來》這本劃時代巨著，那記錄了納粹大屠殺，以及他在奧斯威辛和達浩集中營領導反抗運動的經過。我很榮幸能獲得他的指導，弗蘭克說，當你眼前的畫面壯麗到令你著迷，那就能引導你思考；他還說，賦予意義不是生命之責，是我們要對生命負責，要透過我們的目標賦予它意義。他這麼告訴和他一起關在奧斯威辛的囚犯：「同盟國再六個月就會來了，到時我們就可以回家了。」他要他們記得俘虜者的臉和名字，以便將來有一天能伸張正義。

許多大屠殺倖存者都一心想著如何伸張正義、返回家園、與摯愛重逢，以及到達他們想去的地方。如果你下定決心，如果你有超越目的的目的，如果你能聚焦於目標、受其引導，便可能活著達到你的目標——這遠比你渾渾噩噩或目標籠統來得可能。正向的自我引導是明確地集中心力，在今天這個時代，我相信那樣的確切或專注會決定成功。

當今世界，我們看似擁有無窮無盡的選擇，有人稱這種現象為「選擇的暴政」（tyranny of choice）[18]，你只需要 Google 一下，就會得到數百萬條搜尋結果。我們擁有好多不同的路徑、機會、產品……等等，進而可能對「選擇的暴政」感到麻木，但這種無邊無際的選擇儼然成了另一個難題。我們置身的這個世界，人人都可按照自己的渴望做任何事情，一個人就能擁有媲美一家企業的傳播力量，因此，盡早了解你的「為什麼」至關重要。生命中什麼真的能點燃你的熱情？如果你不受時間、空間或環境限制，你今天會做什麼？如果你自己無法決定，就會有別人給你方向了。別人會為你創造，但別人提供給你的目標，產生不了你的熱情所能孕育的力量。

請務必這樣認識自己：知道你從哪裡來、正在處理什麼、你最大的天賦

18 編註：出自斯洛文尼亞「犯罪學」與「法律學」學者雷娜塔·薩列克爾（Renata Salecl，一九六二～）的著作《選擇的暴政》（*The Tyranny of Choice*）。

和才能在哪裡？也請務必明白自己的局限、哪些事情需要加強，或是有哪些事情令你提不起勁？更重要的是，要以真正重要的價值觀為依歸，以樂觀而非悲觀看待未來的信仰體系為基礎。我們有太多選擇，真的很難對周遭所有噪音充耳不聞，彷彿大家都在告訴我們該做什麼似的。

正向的自我控制

五號特質是正向的自我控制：這不光是善於掌控自己，正向的自我控制是：事情要不要發生，由我決定。我可以望著鏡子，將我自己變成這副模樣的功勞歸於自己，一如歸功於所有曾經幫助我的人。

能夠掌控你的未來、掌控你的結果，就是最棒的禮物。那事關透過你自己的獨立思考實現成果，事關感覺未來歸你掌控，而非交由環境的一時捉弄或你出生的條件決定。在我來到世界貧困地區時，居民全都苦於教育及資源匱乏，但他們必須以某種方式力爭上游，透過知識、仿效、資訊、想像和純粹的意志力脫出困境。感覺對於結果有某種程度的掌控力，是人類所獲得最棒的禮物，因為其他生物大多只能靠本能或天生設定的程式過活，只有人類可以決定不要維持出生時的狀況。

正向的自律

六號特質是正向的自律：我超愛這點，因為我是規律型的人，我相信習慣這種反射動作左右了我們每天90％所做的事。

紀律（discipline）跟多數人想像的不同，當你說「管教你的孩子」，那不代表處罰他們。「disciple」這個詞意指「正在學習的人」。紀律是你學到的對你有益的行為，也是培養讓你能夠不假外力，依內心行動的習慣模式。你可以向明白「如何致勝」或「如何成功」的榜樣與良師益友學習正確的處事方法，透過紀律、練習和掌控來重複他們的行為，直到那成為習慣，就像刷牙或開車那樣。

紀律的意思不是處罰。

我所認識任何領域的頂尖人士個個都說紀律工程浩大，需耗費大量心力，而且，沒錯，有時感覺像是懲罰。但紀律意味著在心裡學習，之後你就能靠反射動作去做某件事。舉凡擅長任何事情的人——小提琴演奏家、舞蹈家、教師、母親、銷售員——都是非常守紀律的，因為他們已經從大師身上學到正確的一舉一動，你必須先玩內心的遊戲，才能展現於外。

正向的自尊

特質七是正向的自尊：價值觀必須先內化才能外顯，如果你沒有已內化的價值觀，要拿什麼與人分享呢？換句話說，如果你覺得自己沒什麼好東西值得分享，就會認為自己一無是處。

以前，大約有十三、四年的時間，我覺得我必須有所表現來證明自己值得，後來我終於了解，重要的不是我的表現，而是我的潛力，以及我對我的價值觀的信念。

自尊是成功人士身上相當重要的成分，我很高興我是我。我可能不是團體裡最好看的那個，我可能有點過重，可能這樣、可能那樣，但我有一些好的特質，也有一些好的內涵。綜合考量，我寧可當我，也不要當世界其他人。

自尊是你覺得自己彌足珍貴：你明白你有東西可以給予他人，而透過分享那個價值觀，你將能達成你的目標。換句話說，如果你心中沒有感受到愛，你要怎麼把愛給別人呢？你可能需要他們，可能迫切需要他們，可能想對他們證明自己，但除非愛在你心裡，是你發自內心無條件地給予，你沒有辦法愛任何人，而透過給予，你一點價值也沒有失去。

正向的自我定位

特質八是正向的自我定位：尋找自我以外的意義；嵌入生命更宏大的遠景；幫助他人；把動物當成人一樣對待；融入神奇的宇宙，看那如何維持不可思議的平衡；當個能提升大自然品質的人，聞聞花香、看看大海多令人驚詫，看看夕陽。換句話說，放眼於自私的動機之外、融入其他人類和生命的遼闊全景裡，當個樂於合作，而非自私自利、只想當第一名的人。

我把這樣的定位視為一個良機，藉此，你寶貴的生命才能運用於真正重要的事物上。如果你要上頂端找極樂世界，那裡其實什麼都沒有，因為頂端只是人們想像自己會被記得、無比重要、或我們所謂「大廈情結」（edifice complex）的幻覺。「大廈」是一棟建築，多數人都想蓋一棟建築或紀念碑，讓世人記得自己打造了什麼、做了什麼、完成什麼。但歸根結柢，當你來到我這個歲數，足跡踏遍各地，經歷風風雨雨，你身邊只會圍繞一小群朋友，你的家人、愛你的人和你愛的人——很少、很少人。沒錯，你會影響其他人，但正向的自我定位是「前人種樹、後人乘涼」。我一直待在為未來世代種樹的行業，我待在塵世的歲月是為了讓某個生命活得更輕鬆：動物也好、花草樹木也好、人也好——為某人的生命創造實質的不同。這樣的理想已經在追求一夕成名、建立特定身分的倉卒中消逝了。

自我定位不是冀望成為重要人士，試圖在社會留下什麼印記，更好的定位是成為能傳遞價值的人。在這個不斷快轉的世界，一天發生的變化比我們祖父母時代的十年還多，最重要的是運用「當下感」（sense of nowness）來避免拖延，避免把我們的行動拖到未來。

我最擔心的是那些及時行樂，卻又不聞眼前玫瑰花香的人，他們與他們所做的事情沒有建立親密關係；他們快速衝過人生，看看是否能累積物質，相信不管你想去哪裡，物質都能帶你去。

赴中國旅行時，我看到對中國人來說，績效等於自尊；擁有物質成就，就擁有最美好的事物。我告訴他們，金錢買不到真愛，沒錯，你可以買到短暫的浪漫，但買不到真愛。你可以是孩子的自動提款機，可以是深不見底、不斷有錢冒出來流向孩子的口袋，但用任何種類的物質成就，你買不到別人的愛、尊重和情感。

我們花了大半輩子累積成就，就為了向別人展現我們走了多遠，但年紀愈長，我們就愈了解自己無足輕重。當你來到我這個年紀，你會明白自己沒什麼了不起，也會了解，對萬物的整體規劃而言，在管弦樂團第十五排吹雙簧管，和出色的獨奏者或指揮家本身一樣重要。

我不是指揮家，我是在一個不可思議的世界，由一大群人口組成的管弦樂團裡。我必須一路停停走走，必須活在當下，但不是為當下而活。這就像是一位奧運選手，置身於她或他所擁有唯一的時刻，我們要在這一刻演出，但演出不是為了我們會得到的喝采，不是為了要獲頒金牌，不是為了人們對我們的評論。我們演出是因為我們對我們此刻正在進行的事情充滿熱情、全心投入。

正向的自我意識

特質九是正向的自我意識：正向的自我意識是切合實際地看待自己，我仔細端詳自己，我對自己說：「我會想跟我結婚嗎？我有多喜歡像我這樣的父親？多喜歡像我這樣的好友？多喜歡像我這樣的上司？多喜歡像我這樣的員工？如果我是別人，我有多喜歡自己？別人是怎麼理解我？我是冒牌貨嗎？我一直試著像別人那樣過日子嗎？我是在自欺欺人嗎？這真的是我嗎？我真的關心自己可以貢獻什麼嗎？我一直在看我的局限嗎？我有努力改正缺點嗎？我太在意自己和世界的毛病嗎？我是否花足夠的時間在我擁有的福分、我設定的目標，以及我已經達到的成就上？我是否著眼於行善的可能性，而非周遭那一堆狗屁倒灶的事情？」批評很容易，要成為值得效法的榜樣就難了。

事實上，原版《致勝心理學》的第一步就是正向的自我意識，你要做的第一件事就是盤點你這天帶來的物品。你決定要有自覺，就會善於掌控情緒，就會時時留心，成為有自覺的資本家、僕人式領導者。人生第一次，你仔細查核自己，也開始切合實際地觀察你想要的一切——你的價值觀、你的才能、你的興趣、你的目標、你正在做的事，你會為新的你找到起點。

《創勝心態》會讓你見到全新的你。這是有可能的——不論你的年齡、種族、宗教信仰、性別，從這一刻起，勝過史上任何時間點，你有機會成為最好的自己。

自我意識是優秀領導人的一大關鍵基礎，這和情緒商數或僕人式領導密不可分。這個概念已悄悄滲入商學院了。商學院向來是利潤導向，企業是獲利驅使，他們可能非常不近人情，在填入數字計算盈虧時，他們不是一家人，只有擔任特定職務的員工。

我記得訪問中國時曾和某位領導人聊天，他說：「如果某人沒有生產力，我們就會開除他，找新人頂替。」我說：「可是想想成本，想想不斷訓練新人要花多少成本，你的薪餉名單上明明已經擁有這些價值了。你該做的是引導出已經在組織裡的員工的最佳特質，而非不斷更換，只以能否擔任特定職位來看待員工。」

我想，對今天的領導人來說，以尊重對待他人格外重要。研究發現，如果你讓員工在組織的背景裡實現個人目標，如果你可以向他們證明你是真的對他們的個人目標深感興趣，而你也把他們當成人類而非「含水的機器人」對待，你將擁有全球成就數一數二的公司，這已獲得再三印證。營運最佳、獲利最豐的公司都非常尊重員工，會幫助員工成為他們可以成為的人；他們擁有的文化，讓每一個人都能以自己特定的角色對公司使命有所貢獻。如果你把員工當成夥伴而非員工相待，員工就會成為領導者，你不必透過強迫灌輸什麼觀念來管理他們，你可以放任他們自由行事。

這就是我為什麼認為約翰．伍登[19]是如此卓越的領導人，他是無與倫比的籃球傳奇，是贏得最多ＮＣＡＡ冠軍的教練，他說：「我的工作是激發出每一名球員最優秀的特質、教他們如何團隊作戰、欣賞他們的精湛演出，然後我會坐下來、閉上嘴巴，讓他們為發揮自己的價值，以及所有正確的理由而戰。」

你愈是位居領導職，就愈該少點脅迫、少點恫嚇、多點啟發、多點樂觀，今天的僕人式領導者比吹毛求疵、只在意盈虧、具攻擊性的領導人溫和、親切得多，而後者會說：「只有第一，沒有第二；沒有第一，解雇就將持續，到士氣提升為止。」這種做法已經過時，暴君型的領導者、自負的領導者固然仍隨處可見，但在現今社會正逐漸消失。

正向的自我投射

最後，第十種特質是正向的自我投射：你具備前述九種特質，開始在你的行動中一一對外展現，這是你如何表現言行舉止、如何在世界投射自己的問題。

葛理翰牧師[20]是個很特別的朋友，他讓我在他幾場集會前連同其他講者及

19 編註：John Wooden，一九一〇～二〇一〇，美國籃球教練，綽號「維斯特伍德巫師」（Wizard of Westwood），在擔任加州大學洛杉磯分校棕熊隊主教練期間，他在十二年內贏得了十次美國大學體育協會全國冠軍。

20 編註：Billy Graham，一九一八～二〇一八，美國基督教新教福音派布道家，被按立為美南浸信會牧師，是第二次世界大戰以後福音派教會的代表人物之一。

音樂家一起做我的「偉大的種子」簡報，那給予我在大型場地對三萬名聽眾演說的機會。

我跟他說：「哇！你讓體育場擠得水洩不通，我恐怕連會議室都坐不滿。」

他說：「丹尼斯，老實說，我也只是給他們自我意識和一點點自我投射。」接著又說：「我手裡拿的這本書，我相信書裡的一切都是真的。」

「我知道你相信，」我說：「而我還在掙扎，我的旅程還沒走完。」

「我知道你還在走，而我相信你會實踐你的信念，而非只是寫一寫、說一說而已。如果你想認識優秀的基督徒，你得和他們一起生活，花點時間認識他們，我告訴願意聽的人我相信什麼，為什麼相信。很多人過來和我一起禱告，但回家以後，每個人都得靠自己決定要不要實踐自己的信仰，而不只是擺擺姿勢、做做動作。」

我永遠記得將近四十年前，我在沙加緬度的事工活動[21]第一次碰到葛理翰的情景。他是我見過最真誠的人。毫不矯飾，無時無刻不言行一致。

他看穿了我的表面，而雖然我仍在思忖、檢視我的核心信仰，至少我在逢人問起我的教派時，仍會據實回答。過去六十年，我去過一百零三個國家和六百個城市，真的遇過成千上萬人對我的一切充耳不聞，只因我未接受他們的造物版本。

今天，每當有人想談論宗教，我會請他們先表達自己的看法，我是個好聽眾，一定可以敞開心胸、耐住性子來學習更多。誠實和不妄加評斷是我最重要的兩項自我投射的資產，我的反應通常是這樣：「我尊重你的信仰和你的『為什麼』，我自己的經驗留給我的問題多過於答案，但我仍在學習，仍在成長，我可以告訴你我相信的一切好事。來跟我一起生活吧，你會了解的。我怎麼對待計程車司機、我怎麼對待女服務生、怎麼對待園丁、怎麼對待家人；來跟我一起生活，你會了解我的為人處世。」

說教一點用處也沒有，最理性的人會看你的言行舉止來判斷你這個人，投射意味你如何在世界表明自己：照你所說的做、照你所想的做、照你所相信的做，坐而言不如起而行。

21 編註：指基督教會的成員執行教會所任命的工作。

應用這些原則

培養前述特質可能看似浩大的任務，所以人們有時會問我可以怎麼在自己的人生精進這些原則，這當然不是一蹴可幾的過程。雖然我們的智慧型手機有「內在贏家」（Inner Winner）app[22]，或許能幫助人們內化新的習慣，但世上卻沒有成功的 app，也沒有直達頂端的電梯，只有樓梯。

無論如何，我認為一切都是從自我意識開始，不論你在何方、年紀多大、位於成功階梯的哪裡，都不妨停下來、深呼吸，給自己做個意識測驗。我現在去的是我想去的地方嗎？做的是我想做的事嗎？正要成為我想成為的人嗎？我做這些是為了向他人證明自己嗎？或者，這真的是我想奉獻生命做的事情嗎？

所以我認為我們該從自覺開始，然後一點一滴培養我們的自尊。自尊向來被過度宣傳，比如靈巧、積極、吼叫、大聲說話、遂你所願、擁有充分條件，還有能歌善舞、身手矯健，以及漂亮、好看、英俊、強壯，我們全都具備自尊的外在條件，但這些與實質無關。

有些相貌平平的人已成為世界最成功的人，他們看來平凡無奇，所做所為卻不同凡響，為什麼呢？這是因為他們有信心，相信自己做得到、可以完成；他們並未對自己施加心理限制，他們已經敞開自己。

最好的起點是閱讀和你類似之人的傳記，可挑選年紀與你相仿、有類似經歷，而克服過巨大障礙的榜樣；可以看影片或網路研討會、聽podcast、讀自傳、下載電子書到你的智慧型手機和可觀看裝置；或向曾去過那裡、做過那件事的人學習。因為太陽底下顯然沒有真正的新鮮事，除了技術──那遠比先前更迅速、更生動地傳遞資訊。

請相信你應該獲得成功，因為你就算沒有比任何來過人世的人更好，也跟他們一樣好；別跟人比較，只要完全依循自己對卓越的價值標準來觀察你的處境即可。

那其實沒有一般人想像的那麼困難，只是要按部就班罷了，誠如人們所言：「一次一吋，小事一樁；一次一碼，難上加難。」一次一小步就好。奧

22 編註：一款可以自然連結自我無意識的 app 訓練軟體。

運跳高選手每次抬高橫杆，都只會抬高一點點，他們不會一次抬高兩英寸，只會抬高幾分之一英寸；游泳選手不會被要求一次進步一秒，而是一毫秒，而勇奪金牌與鎩羽而歸之間，往往也只有毫釐之差。

別把這個過程視為沉重的負擔，請把它視為你要投入的終身專案，一次選一個特質來精進，不要少於九十天，因為我還沒有見過誰可以在三到六個月，乃至一年內重設大腦線路的。習慣已經花長時間養成，你已經這樣很久了，那不可能一夕改變，你沒有時光機，或說「新人格機」可穿越。一次走一小步，至少給自己三到六個月——說真的，我最少會給一、兩年——來在你的大腦裡建立新的神經路徑。我相信經過一、兩年日復一日的積極訓練，那就會像刷牙、開車或騎腳踏車一樣，成為肌肉的記憶、反射的習慣，你會成為習慣的贏家，而不是觀眾。

Chapter

3

贏在二十一世紀

在今天的脈絡裡，區分網路世界的成就和擁有成功的品格，可能是不錯的主意，前者指我們在網路世界巧妙地運用位元、圖像和文字，後者則要培養內在的力量和價值觀。今天很多人只關心如何營造本身的數位形象，卻忽略發展真正、真實的自我。

信任、性格、核心價值，是最大的區分因素。

性格是「我們是誰」和「我們做的事」，但我們還有一個分身：我們投射的對象。自我投射是我們向世界投射的形象，任何人、每一個人，都可以有Facebook的身分；人人都可以架個網站，都可以放上關於他們自己的動人圖片。事實上，人人都可以說（也確實這麼說）：「我是最棒的、我是最出色的演說家、我是暢銷作家。」賣十本書就可以是暢銷作家了。

在數位時代，要說自己最棒，並拿極具說服力的影像說服人，是非常容易的事。我們的確最容易受視覺影像影響，我們不斷編輯我們的檔案來滿足社群媒體觀眾的需要，我們已經把我們的網路檔案當成商業媒介，因此很難穿越迷霧，看看誰是真的，誰不是。今天有很多銷售人員沒有言出必行，他們會說他們可以教你怎麼做網路生意、怎麼迅速靠網路致富、告訴你他們已經辦到了，但我們沒有辦法查核事實，因為你幾乎什麼都可以發布在你自己的網站上，不會有警察來告訴你什麼不是真的，必須撤下。我們生活在一個你的數位身分常被當成真實自我的世界，人們很難分辨真正的性格為何。

我想引用那句中國名言：「品德是無法偽造的，也無法像衣服一樣隨興地穿上或脫下來丟在一旁。」[23]我們確實可以決定我們是誰，而我們會成為我們所做的事——無可阻擋，就像年輪決定樹木的年紀一樣。你可以有讓人們信以為真的分身，但那就像《綠野仙蹤》（*The Wizard of Oz*）裡，小狗跑進來掀開簾幕，揭露魔法師正在操控他所做的傀儡。你的分身可以被操控，你可以決定自己的定位，但品德無法被操控。

在很多方面，數位世界看似會瓦解信任，我們必須相信他人言出必行，會在我們不在場時忠於我們，相信網路世界是可信任、禁得起檢驗的，而不是呈現誇張、未經證實的主張，或徹頭徹尾的謊言。

信任是凝聚任何關係最重要的膠水，破壞了信任，就是破壞了關係。要是你對十分信任你的人不忠，破壞了信任，信任將一去不返，因為那個人會永遠提防你。信任是每一種關係的精髓——婚姻也好、合夥也好、伴侶也好、友誼也好；信任，以及值得信賴，是至關重要的事情。換句話說，你心裡想的、嘴巴說的、親手做的，要前後一致，始終如一，人們才會信賴你。

有人說，真正的朋友是如果你呼叫他，不管你人在哪裡，都會毫不遲疑親自出現在你面前的人；真正的朋友會讓你依靠，是你可以用生命、用秘密，當然也可以用真相來信任的人。

現今有很多書籍都是抄網路的，透過名叫「搜尋引擎」的美好機制，我們很難完全確定一篇學期報告是否恰當地加註和標明出處。教授的日子很難過，他們必須用某種軟體檢查學生的學期報告，來判定資訊是否經過改寫，或是直接抄襲、複製貼上，剽竊火力全開。

每當有人問我在社群媒體有多活躍，我會說：「我在資訊的公路上被『路殺』了，我的數位裝置都是我孫子安裝的，我會收到各種新玩意當禮物，而他們得幫我插電。」

23 譯註：語出蔣宋美齡。

有人問：「丹尼斯，你是用什麼樣的漏斗[24]做生意的？」

「你是說像把桃樂絲帶去奧茲的龍捲風嗎？」

「噢，不是——是行銷漏斗啦，丹尼斯。你怎麼讓他們取得免費禮物，然後讓他們從最低購買金額慢慢提高到掏出最多錢呢？」

首先，你要請他們給你他們的email地址。那現在已無關緊要；現在你得拿到他們的手機號碼，得拿到他們的簡訊地址，才可能繼續銷售。

演講者會將知識和內容轉化為一連串不同的漏斗，使消費者在他們於網際網路的賺錢網內愈陷愈深。今天的演講者必須有一大套銷售包裹，通常值好幾千美元。他們會從免費提供開始。在會場，他們牆上會有個時鐘告訴你你有十分鐘可以回到那張桌子買新兵訓練營或下一階段的課程，那時你就會學到關於迅速致富的一切秘訣。

在會場，他們總是要我星期六過去，那時每個人都已散盡錢財買其他講者販賣的東西。輪到我講話的時候，與會者的錢都花光了。我只需要試著給他們知識，可用的資訊。

我不賣東西，因為厄爾．南丁格爾[25]、諾曼．文森．皮爾[26]、保羅．哈維等好幾位我真正尊敬的人告訴我，如果你有內涵，要教，不要賣。教你得教的知識，把你知道的一切教給聽眾；如果他們喜歡你，他們會找到你，可能會想從你身上得到更多東西，你不必站起來向人強迫推銷你有多棒。

在數位世界，我們變得非常難以判定誰去過哪裡、誰做過什麼、誰只是用非常滑溜的方式賣東西。有些真的非常優秀的銷售人員在做 podcast、天天推文、天天發訊息，每天你都會在 Instagram 或 Facebook 上看到你現階段偶像的直播，那個人每一天都以各種方式告訴你如何致富，只要他們賣的東西你照單全收。

這是成為網路教練、從那些一直在找網路精神科醫師的人身上攢錢的方法，哪怕他們承諾過度、履行不足。畢竟，好的心理學家只會試著突顯你一

24 編註：指「行銷漏斗」（Marketing Funnel）理論，簡單來說就是消費者從認識你到為你的產品或服務買單的流程。

25 譯註：Earl Nightingale，一九二一～一九八九，美國廣播電臺演說家及作家，主要探討人格發展、動機、有意義的存在等主題。

26 譯註：Norman Vincent Peale，一八九八～一九九三，美國新教神職人員，以推廣積極思考的概念聞名，著有暢銷書《積極思考的力量》（*The Power Of Positive Thinking*）。

直在擔心的事情，告訴你其他人也解決過同樣的問題，因此絕對有理由相信你可以恢復明智、重拾樂觀。

我有一點倦了，但不致疲憊不堪，因為世界確實由樂觀主宰。悲觀的人清理更衣室，樂觀的人獲得面試，大家都想面試贏家，而非抱持負面態度的人，會帶領人們走向應許之地的人，才會吸引人們靠近。好消息是，人們賣的是隧道盡頭的光；壞消息是，他們自己並未搭過穿越那條隧道的列車。

我們現在並未身處非常透明的社會，因為我們一直試圖給別人假象。我們一直企圖告訴別人他們想聽的話，試著告訴他們這個好消息：他們可以在六十秒內解決他們的問題；或者我們想告訴他們：他們正在做的事情哪裡錯了，而我們有更好的答案。

這裡有個不錯的類比：你上網查東西，對準、點選、購買，你對準、點選、購買時，其實不真的知道你會拿到什麼，但有別人買，所以你也買了。我會去看顧客評論，並留意特定產品或服務在版上有沒有五顆星評論，如果它有三顆、二顆、一顆星的顧客評論，我就不會買那項產品服務了。我仍相信顧客就是王道，而如果你想得到顧客忠誠，就得提供真貨。不必太久，口耳相傳就會揭露原本試圖誆騙你的爛電影、爛餐點、爛商品或爛人；口碑傳得很快，而人們會推薦給他們信賴的人，我絕對不會跟有很多負評的人買東西。

觀察一家公司也不賴，看看離職員工的評論，當然，有很多負面人士覺得自己受到不公平待遇；但也有很多人對於他們待過的公司、聽過的演講、上過的課程有話要說。

在今天當個你自己可以信賴、言出必行、說到做到的人非常重要，你必須承諾得少、實現得多，給予比報酬更高的價值。人永遠在尋找好的交易，他們永遠想省錢、省時間、找更快的方式和更多的選擇。如果你能讓人感覺他們得到的價值高於付給你的酬勞，就會擁有一輩子的顧客，因為大家都想要物美價廉，都想追逐能帶給他們優於承諾的價值、願意多付出一分的對象。今天，建立關係遠比成交來得重要。

好，現在我們明白這個二分法了，一邊是試圖花最少的心力，在網路上賣給你最多東西的人；另一邊是基於信賴打造的關係，因為人會有品牌忠誠。現在，當你說「我是最棒的」卻沒有紀錄可驗證，人們不會再相信你了，他們會買微軟、蘋果、賓士、賓利，為什麼？因為這些品牌已通過時間考驗，證明能實現他們的承諾，這不只是名氣的問題，而是價值的問題。

我不會因為東西好看就把它買下來，要運作良好才會下手。突破網際網路和數位炒作的喧囂，我想我們都已經學到，顧客忠誠是以顧客從你這裡獲得的價值為基礎，顧客已經厭倦被假象欺騙了。我想我們都理解，也都知道要建立關係，我有很多支持的文件說明這種轉變為什麼會發生，為什麼在重重數位喧囂之中，有愈來愈多真實的東西浮出檯面。我覺得深受鼓舞，甚至到我這把年紀，有資格可以責怪年輕世代價值觀膚淺的時候，我仍對未來充滿樂觀，所以我想活得愈久愈好。

可信賴是多數人秉持的核心價值，信任是非常高的價值，而核心價值是要在二十一世紀成為真正贏家的關鍵要素。但價值觀並不在你可以隨插隨下載的隨身碟裡，也不是選了就沒事，價值觀是在人生初期發展的。我們很難改變一個人的核心價值觀，那就跟人的信仰一樣，核心價值是根深柢固的信念，不管你遇到什麼事，都會驅使你往特定方向前進。你願為這些價值觀而死，如果你相信你的國家值得你奮戰到底，你會願意為它犧牲生命。

誠實和類似的價值觀通常要靠領會而非教導，且通常是由孩子觀察父母所領會的。很多年前《芝加哥太陽報》（*Chicago Sun-Times*）有篇驚人的報導叫〈孩子，沒關係，大家都這麼做〉（It's OK, Kid, Everybody Does It），強尼小時候發現父親可以給一百美元逃過交通罰單，發現爸媽去看表演時可以給一百美元拿到比較好的座位，後來他在食品超市工作，便把漂亮、成熟、完好的草莓放在上面，爛的放底下。「孩子，沒關係，大家都這麼做。」高中時，教練告訴他怎麼抓對手球衣而不會被判拉人犯規。「孩子，沒關係，大家都這麼做。」他發現他的學期報告可以抄別人寫過的。「孩子，沒關係，大家都這麼做。」他也從他姑姑那裡學到，只要你說你的眼鏡弄丟了，就可以申請保險理賠，拿到一副新的。「孩子，沒關係，大家都這麼做。」最後，他靠運動而非學業成績優異拿到獎學金上了大學，他找槍手幫他考試，他想：「孩子，沒關係，大家都這麼做。」但他遭到退學，可恥至極，他的爸媽說：「你怎麼可以那樣做，我們是怎麼教你的？」

我們從小到大一路撿拾核心價值觀，我們會決定哪些價值觀對我們重要。我們發現人生沒有太多捷徑：多數事情是靠「試誤」學習；我們發現從小錯誤中記取教訓，例如忘了寫作業，比從悲劇中學習來得好；我們發現小小的善意謊言會在日後掀起軒然大波。就在我們亟需信任、誠實、品格之際，我們之前的言行卻被公諸於世。我從自己的人生經驗學到，我撒過的謊，甚至包括微不足道的善意謊言，沒有一個不會在往後某個重要的時間點，變成在衣櫃裡咯咯作響的骷髏[27]——引發負面觀感的醜聞。

人生一大要務就是做個言出必行的人，嘴裡說的、心裡想的和所作所為全都一致的真實的人。你沒辦法像重設目標那樣一舉重新建構你的價值觀，但或許可以透過內省等方式，一次重塑一點點。你會明白你有一些信念是錯的，你可以開始甩掉你從父母、師長、同儕團體和媒體獲得的二手資訊；你可以開始規劃屬於你自己的一套價值觀——那些更加真實而讓你感覺舒暢、助你一夜好眠的價值。

苦惱是由失調、煩擾、不健全的事物引發，正向的壓力是你在做某件事的時候反而感覺更舒暢、睡得更安穩、更怡然自得。你的身體是最好的回饋機制，你在做某件事時有什麼感覺呢？你的身體告訴你什麼？你的良心告訴你什麼？你的核心價值觀告訴你什麼？過去你做某件事的時候，你是真的對那感覺良好，或覺得跟騙子沒兩樣呢？

自我接納、愛、對成果負責、了解因果的力量，就是俗稱的「吸引力法則」。不論你付出什麼、向他人投射什麼，都會回返到你身上，就像牛頓運動定律：每施加一個作用力，都有等量的反作用力。我作的每一個選擇、每一個決定、每一件事情，都有其必然結果。

這些核心價值是你在做某件事情時覺得受傷、失敗、不開心，或那帶給你精神折磨或財務挫折的時候學到的，人生智慧是明白你不必一直重蹈覆轍。你就是從這裡獲得你的價值觀的，我做某件事情會對其他人造成何種衝擊？他們作何感想？有何回應？有哪些反應？我做這件事會如何影響他們的生活？

如果你不斷重新評估你所採取的行動和其產生的結果，就能夠運用你的過往經驗來修正你在未來所作的決定，如此你就可以挑出自己的缺點和不健康的習慣，把它們轉變成好習慣。

我想你需要多花點時間檢視你的價值觀，那如此重要，因為你為之而生，

27 編註：Skeleton in the closet，用來形容關於某人不為人知的秘密，一旦被發現，就好像是打開家裡的衣櫥卻發現一具屍體般令人震驚，而這具屍體因為被隱藏太久早已變成骷髏。

也會帶著它死去，你的信仰體系非常難以改變，那就與要人改變他們的宗教信仰相差無幾。不妨想像一下，若你試著透過說明你的宗教好在哪裡、對方的宗教壞在哪裡來力使基督徒、穆斯林或猶太教徒改信你的宗教，會發生什麼情況？那幾乎毫無可能。我們所能做的最好行動，就是實踐我們自己的信仰，看看那會怎麼影響他人，尤其是我們在乎和深愛的人。我相信你會發現很多價值觀都有重整和重塑的空間，但我不認為你可以像看菜單點餐那樣加以點選。

價值觀：四隻腳

價值觀靠四隻腳站立，這些是我們的價值觀據以立足的基礎：第一隻腳是歸屬感，第二隻是個人認同感，第三隻是價值感，第四隻是掌控和勝任感。我們的價值觀是從這四樣東西冒出來的，而我們的人生都需要這四樣東西。

首先，頂尖心理學家、精神科醫師、行為科學家都已證明「附屬的本能」（affiliation drive），也就是歸屬感，是世界最強大的動力。爸媽愛你、養育你——這是最強大的歸屬。不屬於這裡、格格不入或不被愛的孤寂，是最難容忍的感受，是低自尊最大的成因之一。那也是人們加入幫派的原因，他們在家裡不被愛，或許他們的爸媽不稱職，所以他們希望自己歸屬於某個地方。

我們都希望自己是一支團隊、某個致勝團體的一分子；我們是如此認同我們的球隊，認同到穿他們的球衣、戴他們的頭盔去看他們比賽。

這就是桌子的第一隻腳：感覺被愛而非不被愛，感覺被接納而非被排斥。第二隻腳，個人認同感，也非常重要，雖然我們今天已經不大熱衷了。我們會認同某些人、某些地方、某些事物：我們有毯子、泰迪熊、臥室、拿來圍在脖子上的東西。那給予我們一種與眾不同的獨特感，我們甚至會有虛擬的朋友，而那也是我們身分認同的一部分。

近五十年來，我一直在和夥伴研究第三隻腳：價值感。我們很難使人理解這個觀念：價值是本身固有的，與表現不同。在高中，如果你長得不美不帥、運動細胞不好、不會跳舞、不擅長玩音樂、沒有鬼扯的天分、沒什麼特殊才能，你很難相信自己能實現美國夢，你會覺得迷惘，因為你不相信自己配得上。

美國夢有時會在國高中遭到埋沒，孩子會開始縮小關於自己可以做什麼或可以去哪裡的信念，會開始覺得自己注定成為天生注定成為的人。「我就是只能這樣、我是這樣被養大的、我小時候沒有被善待」，但你會見到某些自最鄙陋或最可憎背景出身的人，仍能從貧民窟邁向偉大，儘管遭遇重重難關，他們仍有所貢獻。

認為你必須生在一個高智商、懂教養、眾人和睦相處、沒有離婚的家庭，必須住在優質社區，必須上大學、長得好看、讓大家認為你有魅力又聰明，才有價值可言——這種觀念完全不切實際，而且跟價值毫無關係，但要說服人們不這麼想，卻是世上最困難的事。

在某些國家，你向外界展現的臉孔就是全部，如果那張臉孔不知怎地被刺穿了，真實的人格被揭露了，那是天底下最丟臉的事。

表現確實會反映價值，但未必能衡量價值，因為人通常會按照自認的價值來表現，除非你覺得自己值得付出，你絕對不會投資自己。如果你因為沒看到自己的潛力而覺得自己不值得受教育、訓練或精進，就很難繼續學習，你必須找個榜樣、教練或導師指出你所有幸事而非瑕疵，讓你相信自己。

我已在這方面鑽研多時——讓人們和樂觀者相處、跟樂觀者共進午餐。就算你是跟悲觀者共事，或是你出自一個悲觀的家庭，起碼找個樂觀的朋友吧；看你想做什麼事情，找個正在做的人，跟他交朋友吧。

如果你剛被解雇，別跟剛被解雇的人出去，花點時間精進你的技能；要跟朋友廝混的話，請找有類似目標，別找有類似問題的——除非他們正在解決問題的路上。和有類似目標，且樂觀進取的人在一起，把自己視為擁有解決方案的人。

批評、抱怨太容易了，事實上，我們是世上最會抱怨的社會，因為我們總是會找理由認定我們所做的每一件事都有問題。如果你碰巧相信世界在進步，你會被視為完全脫離現實的人，但事實上，現在恐怕是史上最適合生存的時機。人擁有比以往更多機會離開貧民窟，憑藉著自己的決定邁向偉大。

我長年完全忽略第四隻腳——勝任感和掌控感。我一直以為你只要有歸屬感、有身分認同、覺得自己有價值就夠了，但最近徹底改觀：我明白那些曾經犯法的人後來能成為領導人，是因為他們改變了自己的勝任感，以及對結果的掌控感。

讓我舉一個很好的例子：假設你因持槍搶劫被關進加州聖昆丁監獄（San Quentin），這是你第三次坐牢，而這次要服刑二十年；你出身的環境很糟，你小時候偷過汽車收音機、大半輩子吸麻藥，後來更進階到海洛因；你成長的經驗很糟，然後你發現自己入獄了。

突然你有個機會，可以寫篇文章說說你想要什麼、你的價值觀是什麼、想做什麼，你覺得自己不喜歡坐牢，你想獲得假釋，卻不想回到原來的地方。

你該怎麼做？你前往舊金山的德蘭西街基金會（Delancey Street Foundation）[28]。那兒有位醫師名叫咪咪·席柏（Mimi Silbert），她多年來收過許多根深柢固的罪犯，花兩年時間教給他們勝任感和掌控感，她讓凶神惡煞搖身變成領導人。

你需要做什麼？你需要早上六點十五分起床，就跟我在軍中一樣；你得整理床鋪，事實上，不論你在海軍官校或西點軍校，你每天早上要做的第一件事就是整理床鋪。為什麼？因為他們會檢查，如果你覺得有人會檢查你做的事，你就會去做。

在德蘭西街，你起床、整理床鋪、淋浴、整理服裝儀容、下去吃早餐。

早餐時要做什麼？天啊，你得學會用刀叉和湯匙；你得在大腿上鋪紙巾，你得說：「請把鹽和胡椒遞給我。」你得用鼓勵的語彙。

收容者從來沒被教過這些，他們困在監獄裡，做監獄的事；他們會到院子裡活動一下，但會學到怎麼繼續當罪犯。當你囚禁在負面思考的監獄，你會不斷演練失敗的生活方式，但你可以脫離，可以獲得掌控感和勝任感。

這令我驚詫不已，我說：「你是打算告訴我，不過兩年時間，你就可以把殘暴惡徒轉變成好公民嗎？」事實上，很多人放棄了，他們無法承受，寧可回監獄。寧可回到舒適圈，也不要脫離它、學點新的東西。

一旦收容者學會怎麼正確地用餐、適當地穿衣、讓自己乾乾淨淨，他們得開始上課。為什麼？要學新的東西，他們需要新的技能來幫助他們。也許他們在監獄做工，也許沒有；也許他們製作過車牌或洗過衣服，但他們很可能從來沒學過能幫助他們在外面賺錢的新技能。

在德蘭西街，「前住民」學到技能，他們學到怎麼賺錢和存錢，學會怎

28 譯註：非營利性組織，為吸毒者和罪犯提供住院戒治服務和職業培訓計畫。

麼做每個人天天都要做的事、他們在家就該學會的事。

我開始研究從服務生變成執行長、從農夫變成億萬富翁的人。你瞧，我發現最成功的人通常沒有贏在起跑點，他們得經歷相當程度的試誤才會相信自己可以掌控小小的成就。

假設你在速食店工作，且做得相當順利，你有良好的顧客經驗，那種經驗會成為成功的小小助力。那能向你證明，只要掌控小小的事情就能有成功的結果，而你的表現證明你有潛力。成就能使你相信，你往後可以做更多、更多事情。

自尊最重要的要素之一是相信透過你自己學到的能力，你對結果有相當程度的掌控力。你已學到充分的能力，有人教過你，你有過上司、有過導師、有過主管、有過教練，你學會正確的揮棒，一點一滴，你的成果向你證明你有此能耐。這或許是最重要的一隻腳——不論我們去過哪裡、做了多少事、收入怎麼樣，或位於人生的何處。以逐步累積的方式獲得更大的掌控力和我們勝任愉快的證明，能逐步強化成功的基礎，失敗會開始消除，成就會開始重複，經過時間的洗禮，變得愈來愈大、愈來愈大。

「德蘭西街基金會」的組織名稱取自紐約下東城的同名街道，有句俗語叫「穿過德蘭西」（crossing Delancey），街的一邊是貧民窟，一邊是比較有錢的人住的地方，你可以從你原本所在地「穿過德蘭西」到你想去的地方。這全都是以你可以掌控的感覺為基礎；這就是為什麼有時服過兵役或備嘗艱辛的人，會比想一步登天的人更有紀律、更按部就班；那就是為什麼我們或許該採取「一次一階」的方法，奧運選手的方法：一次提高一點點標準。

接著讓我們看看長者。舉兩個例子給你聽：摩西奶奶（Grandma Moses），二十世紀最出色的畫家之一，七十五歲才開始作畫；雷．克洛克（Ray Kroc）五十四歲才開始經營麥當勞，那時他在賣奶昔攪拌機，認為如果可以賣出更多漢堡，他就能賣出更多攪拌機。米開朗基羅（Michelangelo）有些最出色的作品是七十幾歲製作的——倒掛在壯麗的大教堂中；蕭伯納（George Bernard Shaw）九十幾歲時學了四種語言……有些最偉大的東西都是在人生晚年才發明出來。

這第四隻腳：覺得事情在掌控中，是四隻腳中最重要的。你可以透過小小的成就來獲得它，請記得在有小小的成就時說：「考量所有因素，事情開始比先前運作得更好了，因為我投注了正確的心力，我開始見到光了，開始看到一些成就了。」實現夢想永不嫌遲。

另外，「自我效能」（self-efficacy）會養成習慣，那意味你表現精湛、得心應手。前面提過納迪婭．柯曼妮奇，她在奧運體操項目拿下史上第一個滿分十分，後來瑪莉．盧．雷頓（Mary Lou Retton）在一九八四年洛杉磯奧運重現歷史，她們能拿到滿分是因為不斷反覆練習。不看未來，不看過去，只有當下，你在當下記得你以前做過好多好多次的動作，成功便水到渠成。只要你取得掌控力、能夠勝任且重複某個動作夠多次，那就會變成反射動作。你會見到在奧運賽場，選手不是「試圖獲勝」，他們是記得先前學會的一切，不管他們學會什麼，那都在這最重要的時刻表現出來。這就叫自我效能，或得心應手、如魚得水，這不叫「重蹈覆轍」，重蹈覆轍是你一再重複不好的事，而自我效能是你一再重複好事的領域。

在當今文化中，正直比以往更重要，正直不是視情況而定的，我們已經讓正直變得視情況而定了。我們說：「若情況許可，我會誠實。」或者：「萬一被逮，我會坦白認錯，同時也會盡可能推諉塞責，我不會為後果承擔責任。」這種態度在當今社會非常普遍，要是你幹了一點下流或違法的勾當，你會比鍥而不捨、克服萬難博得更多名聲。

對我來說，正直凝聚了一切，世界正在尋找真誠。在羅馬帝國的末日，凡事都隨隨便便、馬馬虎虎，大家都在拚命掩蓋瑕疵。當你去買一件雕塑，那看起來可能很棒，因為那不是純大理石做的，而是全部上了蠟，之後蠟遇熱就會融化。人們想要「sine cera」：「沒有蠟」的雕像。「沒有蠟」意味那是真的東西，是依訂購條件雕刻，不加掩飾，沒有刻意做得更好看。在人生的每一段關係，我們都在尋找「sine cera」——真誠（sincerely），沒有蠟——過活的人。你不想找那種遮掩矯飾，最後發現與他自我宣傳不符的人。

今天人人都可以當名人，我們需要我們可以信任的人——現場急救員、消防員、護士、醫生、我們託付生命的人。對我來說，可以信賴是最重要的事，那不能穿上又脫下，不能因時制宜。你要嘛誠實，要嘛不誠實；就像懷孕，你不是懷孕就是沒懷孕，沒有差不多懷孕；誠實亦同，你不是誠實就是不誠實，因為如果你只有部分誠實，那就是不誠實。

有些懷疑論者從成本效益分析的角度看待正直，他們說，如果正直不見得能帶來立竿見影的效益，正直的效益怎可能遠高於成本？事實上，誠實和率直還可能導致短暫的不適，甚至苦惱。

我認為要回答這個問題，最好的方式是討論奧運選手，一名奧運選手訓練超過一千兩百天，只為享受這樣的興奮：能在全球贏家的競技場測試自己的能力。就我的經驗來看，從來沒有哪位奧運選手不需要付出一千兩百天的努力，來琢磨自己的技能。

換句話說，真誠沒有捷徑，不論你多渴望走捷徑，你都無法成為速成的小提琴手、速成的芭蕾舞者、速成的雕刻家、速成的藝術家，你必須按部就班，一步一步來。

高爾夫球也一樣，「高爾夫」（golf）這個字是「flog」（堅持之意）倒過來拼。如果你想成為好的高爾夫球選手，光是把小白球打正，你就必須堅持好幾天、好幾星期、好幾個月，你不可能度個週末假期、上上打游擊般的課程、兩星期的研習營或聽一段podcast，就學會當職業高爾夫選手。光看虛擬影片也學不了，你必須親自用你的手臂學習正確的揮桿，沒有一種成功是用虛擬的方式辦到的，你可以觀摩其他高爾夫選手，可以從虛擬影片學到很多事情，但非經歷實際揮桿的過程不可。

對你來說，天天都是奧運比賽，如果你想贏得金、銀、銅牌，就必須先按部就班學習如何獲勝。學習如何獲勝，從以前到現在都是一樣的，未來也將繼續如此。你經歷了嘗試、犯錯和成功來獲得專門技能，接著成功會變成自我效能，你開始得心應手，突然那就成了肌肉記憶和反射。

勝敗真的會養成習慣，你真的可能變成一個容易出意外的人，可能變成動輒遲到或易怒的人，那未必天生內建於你的人格，而是長久養成，很難改變，而改變要花時間，也要花心力。

那就是為什麼大腦訓練，神經科學訓練，起碼要花半年到一年的時間。也許你可以在六個月內建立一條新的神經路徑，但你不可能在短時間內經由插入新的裝置來重設大腦線路。你必須接受訓練，沒有訓練，沒有改變；不勞則無獲，不勞，你還是一樣的你。

你可能覺得你已經非常努力改變個性，但當你成為父母，你會明白自己還有多大的努力空間。身為爸媽，我們都想讓孩子遵守比我們更高的行為標準，比方說，如果開車時孩子坐在後座，你在路上罵人就得收斂一點，相信每個爸媽都遇過類似的情境。

我是行軍事管教的父親，我從海軍官校畢業，當過海軍飛行員，所以順我者昌，逆我者亡。「如果我想聽你的意見，我會告訴你。」就我而言，一切只需要一個眼神，我不會甩他們巴掌或對他們大吼大叫，我只需要流露不同意的神情，他們就會嚇得魂飛魄散，因為他們的榜樣對他們的言行失望透頂。

瞧，我開始明白，他們其實沒有聽我講話，他們是觀察我的所作所為。我們舉辦派對時，他們會從陽臺看大人們的言行舉止；當我從派對回來，他們會看我的眼睛。上面有血絲嗎？我講話含糊不清嗎？「咦，老爸在弄報稅的東西，不知道他找到漏洞沒有？」「有人打電話來的時候，老爸會說：『告訴他我不在。』我們該這麼做嗎？我們該那樣圖方便嗎？我們該像他那樣嗎？我們該照他做的，或是他說的去做呢？」如果爸媽說一套做一套，孩子會非常困惑。

我們對孩子期望很高，但我們不希望他們經歷我們當初必須經歷的試煉、磨難和辛苦，我們希望孩子過得比我們輕鬆，那就是我們給他們豐衣足食，而不是給他們根和翅膀的原因。我們給他們錢，好讓他們不必靠勞力賺錢，他們想要什麼，我們就給什麼，好讓他們不必延遲享樂，卻沒有給他們核心價值：自主決定、盡早承擔責任的根，以及積極行動和自我引導的翅膀。他們忘了做作業，我們幫他們做；忘了帶午餐，我們趕緊送去學校給他們，而不是讓他們承擔行為的必然後果。

我所犯過的最大錯誤是這個：我試著給我的孩子我成長期間沒有的東西，以及我得存錢、努力工作才能獲得的東西；我沒有教他們怎麼理財，當我給他們零用錢，如果他們馬上花掉，我沒有說：「存點以後用。」我沒有告訴他們金錢是怎麼運作的，你可以怎麼在為他人提供服務時賺到錢。我指望他們明白，因為他們是我的孩子，我以為他們會看我怎麼做，但他們其實是在觀察我對待他們的方式。

我必須說，我多少有點把孩子當員工對待，如果可以重來，我會把他們當顧客看待，顧客必須給予應有的尊重。除此之外，我想我該親自為孩子示範該做的事，我不該說：「去整理房間，那亂七八糟的。」而該說：「把東西擺整齊比較容易找。」該多要求一點的時候，我該示範我學過的方式，而非指望他們自己摸索。

我嘗過幾次苦頭，才學會怎麼當個更好的榜樣、更好的教練，而不只是激勵演講家。事情已經發展到這種地步：我的孩子會看看他們的手錶，問我這是不是我的三十分鐘或四十五分鐘激勵演說。「爸，我們還有重要的事情要做，還有作業和家事，等你演講完畢，可以讓我們回去做我們該做的事嗎？」

最重要的是，我學會在批評中途停下來，說：「很抱歉，我情緒上來，在期望中夾雜失望了。請你們原諒，我想跟你們道歉。」

需要積極行動時，我會在晚上走進孩子的房間說：「我一直在看著你們，而我希望你們明白，你們是我有幸認識最特別的人。我以身為你們的父親為榮，我想要你們知道做你們的父親、擁有像你們這樣的孩子，是多麼美好的一件事。」

我很幸運，能學會以健康的方式掌控和處理壓力。一旦感到憤怒，我不會立刻表現，而會深吸一口氣、從一數到十、出門走走，而非使用尖銳的話語、兇狠的眼神或損害他們自尊的表達方式；我會出門運動，冷靜了再回來；

我不再對他人發洩怒氣，而開始用他們應得的待遇對待他們。

我覺得秉持真誠、讓孩子明白你不是超人老爸或超人老媽，他們也不是超級男孩或超級女孩，這點很重要。他們就跟他們的爸媽一樣，有缺點、有毛病，也有機會。我怎麼處理我的瑣事，他們就會怎麼處理，我不想在沒必要的時候小題大作。

我有七個孫子女、四個繼孫子女，和兩個曾孫女：一個十多歲，一個快要青少女。我當祖父比當父親稱職，我花比較多時間聽我孫子女說話、問他們問題，與他們共度珍貴時光；跟他們一起慢下來，留意身邊所有美好事物；鼓勵他們追求熱情，而非退休金。我為每一個孩子擬定熱情計畫，我問他們：「如果你有時間，錢不是問題、環境允許，你現在想做些什麼讓生命更美好？不能是花錢買的東西；必須是我們可以一起做，或者你要投入心力的事情。」這是我有過最心滿意足的做為榜樣的經驗，因為我能讓他們受熱情而非我的期望驅使。

正直三合一

讓我提供一些關於正直的詳情，以及如何培養我一直講到的特質，來為這一章做總結。

我想從正直三合一開始。要賦予正直人生全貌，有三大關鍵要素。一、即便受到壓力仍捍衛真理；明白你是對的，就絕不退縮。二、給予他人應得的功勞。三、誠實且坦然面對真實的自己。

讓我從第一點開始：明白你是對的，就絕不退縮。讓別人追求你知道會傷害到另一個人，或將鑄成大錯的事，是非常不誠實的做法。

最好的例子是一名年輕外科護理師第一天上班的真實故事：主持手術室的是一位外科醫師界的搖滾巨星，活力充沛、專橫暴虐，一開完刀，他說：「好了，完工，我們開始縫合傷口吧。」

那名護理師說：「醫師，抱歉，現在還不能縫。我們原本有十二片藥棉，但我清點只數到十一片。」

「聽好，」他說：「這次手術是我主持，我知道我在做什麼。我叫妳縫，妳就給我縫。」

「醫師，很抱歉，」她說：「但我的職責是確定我們在手術期間使用的醫材都在，我必須先確定第十二片藥棉的去向才能讓手術結束。」

醫師笑了笑，把腳挪開，露出第十二片海綿，說：「妳在這家醫院或做任何工作一定能勝任愉快，因為當我叫妳去做一件妳知道是不對的事，妳沒有因為我是上司就屈服。」

如果你確定你所做的從各方面來看都是正確的事，即便在他人眼中顯得愚蠢，也要堅持下去。

第二個原則是給予他人應得的功勞，這在今天非常重要，因為有了網路以後，抄襲變得輕而易舉，事實上，剽竊正來到最高的顛峰。我沒辦法告訴你全世界有幾個人名叫丹尼斯．魏特利，那不意味我很有名，那只意味他們用了我的名字。中國有好多公司以我為名，有魏特利電氣公司、魏特利電池公司、魏特利機械公司……那是因為我碰巧曾在中國演說，他們認為如果他們要在美國做生意，魏特利或許是個好名字。

明確說明誰說了什麼很重要，現在我要特別指出這句話是亨利．福特說的：「不論你覺得自己做得到或做不到，你都是對的。」或者我可以引用孔子或耶穌或摩西或比爾・蓋茲的話，我必須記得作者是誰、歸功於那個人，尤其如果那是一位被埋沒的英雄。

永遠記得是誰帶你來這場舞會的，永遠記得是誰給你這些資訊的，一定要記得歸功於當初給你那些想法、那首詩、那首歌、那個理念的人；要記得事情真正的出處，這樣才不會變成剽竊的人。很多人說：「我看到的就是我的，我讀到的就是我的。」但你要把功勞歸給真正的主人，才是真正的正直表現。

第三個原則是真誠，誠實、坦然面對真正的自己，那意味保持謙遜。不要唸你自己的新聞稿，因為我們都會試圖展現自己最好的一面，自吹自擂，就像一段音樂影片，我們會照我們的意思編輯。誠如某位年事已高的運動員所說：「年紀愈大，過去的我變得愈好。」[29]如果你不坦然、不真誠，你的可信度很快就會歸零。

與此同時，有瑕疵是沒關係的，有缺點是可以的，就像我說過，原版的《致勝心理學》是我在人生最低潮的時期寫下的。那時我諸事不順：我正和前妻離婚；我有孩子的監護權，但他們想回家；我寫了探討戰俘的博士論文，但我沒有當過戰俘；我沒有參加過第二次世界大戰，二戰時我只是個小男孩，待在家裡；同時，我成了我自己的渴望和希望的囚犯。

那時我正在學習我親眼見證和第二手讀到的東西，包括沙克、馬斯洛、卡爾．羅傑斯、弗蘭克、葛拉毖、漢斯．塞利[30]……等等。但我最後發現，雖然我正經歷失敗，仍可能成為贏家，或至少參加比賽；如果我按照我自己的建議去做，仍然可以試著獲取勝利。

《創勝心態》也是一樣，我犯過你可能犯過的每一個錯，因為我活得比多數人久，所以我有機會失敗得比別人多。現在我是像每一名聽眾一樣說話的人，而不是耍弄傀儡的指揮家。

29　譯註：指麥克．蘭森（Mike Ransom）及其著作《*The Older I Get, The Better I Was*》。

30　譯註：Hans Selye，一九○七～一九八二，加拿大內分泌學家及心理學家，是全球研究「壓力」的先驅。

Chapter

4

內在的贏家

《與成功有約：高效能人士的七個習慣》（*The Seven Habits of Highly Successful People*）的作者史蒂芬・柯維（Stephen Covey）常說：你得在自我裡贏得「個人的成功」（private victory）。你得先掌控自己，才可能贏得群體的成功（public victory），個人的成功永遠在前。我總是說致勝是內在的工作，我提供的許多原則和技巧都是要在心裡、靈魂裡完成的。

不過，有時眼見為憑，有些人必須先看到才會相信。他們需要先看到確實的成果，才會相信它可以達成，別人不需要具體的事證，但他們需要。宗教信仰或許就是以這種方式發展：你只會接受你信任的人傳遞給你的信仰體系。

人類習慣自我設限，而且會在身上施加比生理限制更大的心理限制，所以說限制有兩種：一種是生理的，一種是心理的。

生理限制非常實際，挑選奧運體操選手時，你得先看身體結構，必須有特定身體結構才適合這項運動，不能是其他樣貌。一名女性不可能重七十公斤還當體操選手；你也得符合特定年齡、有特定骨骼結構、有特定肌肉結構才能做某些事，當然也必須累積大量經驗。

告訴人們他什麼都做得到，想成為什麼都可以，是百分之百的欺騙，這不是事實真相，因為世上有諸多限制。我沒辦法去奧運競技；我沒辦法在四分鐘以內跑完一哩；我可能也當不了美國總統。知道為什麼嗎？我沒有這個打算，那也不是我最大的抱負，但就算我想，這把年紀我也當不上美國總統了。

然而，你的生理限制對你人生構成的影響遠比你想像中少，很多人以為他們因為年紀大了點，或身為女性或男性就受到生理限制而不能做某件事。他們認為自己不夠漂亮、不夠強壯、不夠好、教育程度不夠、沒有適當的背景，他們有林林總總的藉口，然而，你所面對最大的限制，都是你加諸自身的。我們都生活在我們透過有瑕疵的信仰體系，以及我們對自己的不正確認知，加諸自身的各種心理限制之中。

於是，正因有那些心理限制，你可能不會測試你的生理限制。這就是為什麼你一生最重要的一場會議，是你在你安靜的片刻、你反省的時候、你的自我意識中與你自己的會面。請了解，你擁有的潛力，就算你活到兩百歲也用不完，你可以學會二十種語言，也可以在短時間從 A 到 Z 學習《大英百科全書》（*Encyclopedia Britannica*），心智是上天創造最神奇的生物電腦，而它甚至還沒開始測試自己的潛力呢。

只要想想即將發生的事情就好，我們已經有過區塊鏈革命、5G、智慧型手機的電腦介面、穿戴式裝置等等。每每想到這裡，就恨不得活愈久愈好，我們擁有太雄厚的潛力了。

我在英國的傑克堂哥現年一百零八歲了，眼睛仍非常好，他還在走路、還在說話，還上《英國達人秀》（*Britain's Got Talent*），他們說：「傑哥，所以你來《英國達人秀》了，你有什麼才藝呢？」

「我的才藝？我的才藝就是我活了這麼久，這就是我的才藝。」

他為什麼還活著？這樣他才看得到未來會發生的事，也因為他一直在進行幫助他人的專案，他多活一年，就可以幫弱勢民眾多募到五千美元。他說：「我多過一年生日，就會多募到五千美元，那不是很棒嗎？」我跟傑克堂哥一樣，希望活愈久愈好，這樣就能親眼目睹我們的未來了。

我們的心智蘊藏著我們連表面都無法勾勒的遠景和潛力，我們顯然有些生理限制，但在心理上，樂觀進取的態度可以帶領我們遠遠超越我們的生理限制——遠比我們想像中遠。

就以四分鐘以內跑完一哩為例，一般人以為那就生理而言不可能，但羅傑．班尼斯特[31]必須在一九五〇年代打破紀錄，好讓其他人也能跑那麼快。我們現在有本事在四分鐘以內跑完一哩路了，但那需要一個人來突破限制，那不是生理的限制，而是心理的局限。

突破音障（sound barrier）[32]是另一個心理局限，以往我們以為在突破音障時，飛機會解體，無法承受G力——直到查克．葉格[33]突破為止。音障、四分鐘跑完一哩的障礙、女總統的障礙，都是已經或即將被突破的心理限制，看著5G、看著區塊鏈技術、網路安全、運算速度，看著過去要花一個鐘頭下載的東西，現在只需要幾分之一秒，我簡直不敢相信我們未來的潛力。那就是為什麼別受你的思考局限是很重要的事，我們只應受到真正的生理因素限制，而那可能沒有你想像的那麼多。

近年來還有另一項神經科學的突破：像我這個年紀的人不是只會喪失記憶，也可能增加新的記憶。以往大家都說，一到二十一歲，我們就開始喪失愈來愈多腦容量，真相是：經由重新建構大腦線路，透過研究、重複、學習和神經科學，到我這把年紀還可以發展更好的記憶。我其實可以學會以前從來沒做過的事，儘管我年紀更大，我的認知能力甚至比我年輕時更好。

這個過程只會加速不會趨緩，正如傳播速度急遽增快，學習速度也是。我們擁有驚人的儲存能力，什麼都能存，還記得嗎？我說過只要百分之一秒，我就能把所有飛機的影像儲存在我的大腦後部的視覺皮層。我不記得曾經見過，但我的眼睛接收到了，我的眼睛是我的智慧型手機、我的相機，它們接收影像，永遠儲存在我大腦的視覺皮層。我以前看過的一切都在那裡等待檢索——如果我找得到取用方法的話，所以什麼都沒有浪費掉。

接下來我們要面對過往制約的問題，而我們看來非常難以逃離過往經驗的制約。一個人要怎麼脫離這座把他們目前的表現跟過去的自己拴在一起的監獄呢？

31 編註：Roger Bannister，一九二九～二〇一八，英國男子賽跑運動員，神經學專家，他是第一個在一英里賽跑中跑進四分鐘的人。
32 譯註：音速的障礙，指飛行物的速度達到音速時所引發氣動阻力急遽增加的現象。
33 譯註：Chuck Yeager，一九二三～二〇二〇，二次大戰美軍空戰英雄，率先突破音障，公認為紀念人類航空史上的傳奇人物之一。

這樣的回答看似合理：我們所作的每一個決定，都是基於以前發生過的事。這意味我們不是基於眼前的資訊，而是基於前一次發生的事。很多人說他們有預感，但預感通常是根據最壞的情況，我們向來會著眼於已經發生過的事來判斷今天該如何行動。沒有任何決定是根據現在發生的狀況做的，事情是此刻發生，決定卻援往例。這有好有壞，好的一面是，如果你把失敗當作學習的經驗、如果你能從錯誤中記取教訓、如果你已經學會在生命中與失敗和負面共處、如果你已經從過往經歷創造出勇氣與平靜，那你就擁有智慧了，智慧的意思是：你不會重複同樣的行為。

我是根據我學到的教訓，或以往發生過的事情來作決定，但現在的輸入不也會決定未來的表現？「噢，但願如此，真希望我可以去那場研討會，要是能聽 podcast 就好了。真希望我能去哪裡一個星期，讓我現在的輸入戰勝過往數十萬個小時的表現。」（以我為例，在這本書出版的時候，我已經歷七十七萬個小時的制約了。）

成功是座冰山，可以看見的一角是現在的輸入，更大的部分，水面下的部分，是過去的表現，這就是我說習慣要花一年才能改掉的原因。在《改造生命的自我形象整容術》，馬爾茲說一個習慣需要二十一天改變，但馬爾茲是整形科醫師，如果你動整形手術，腫脹要二十一天才會消，所以你在那段期間仍會覺得醜。

讓我們務實一點，我要處理的是座冰山，我不可能只花一時半刻、甚至幾個月的時間就戰勝之前的我，但我可以運用自覺，可以運用新的致勝心理學，可以運用大腦訓練來重新塑造我看待過往經歷的方式。

我可以看一眼過往的表現，可以看一眼我的錯誤和成敗，然後在日常生活做出某些改變，創造可以覆蓋舊程式的新習慣；我真的可以改寫我的大腦讓它上高速公路，而非鑽進死胡同或建築工地裡。今天，要創造新的神經路徑、改變大腦線路，比以往來得容易，我們知道運用重複和特定療法，例如放鬆、冥想、某些顏色，某些聲音、某些氣味、某些觸覺，就可以重新塑造大腦。在快轉的數位時代，透過營造虛擬環境的能力，學習、內化、習慣養成，都比從前容易得多；現在我們知道某些共鳴，某些音樂，會使大腦以不同方式運作。感謝神經科學，我們已經發現藉由內化新的資訊來改變習慣模式的最佳途徑，那些新資訊一經應用於我們看待生命的方式，便可能大力克服成長過程一路產生的憂鬱、負面想法和缺點。

如前文所提及，我的母親負面了一輩子，直到去世那一天。那一天她說：「我想我不是個好媽媽。」

我說：「妳是，妳賜給我生命，帶給我們希望，養育我們長大。妳很偉大，只是我們不了解當時妳正經歷什麼。媽，我愛妳。」

「我一直很納悶，為什麼你生日時要帶一束玫瑰給我。」

「我感謝妳賜給我生命，那就是為什麼我要在我的生日送妳玫瑰，而非期望妳送我禮物。」

我印象中沒有哪一位激勵演說家是好環境出身的，身在所謂的勵志產業，我們都自稱從「沒沒無聞來到小有名氣」，但事實是，每個人都經歷過某種試煉才能成為現在的他們。沒有人有權利說他們比其他人成功，且讓我們換一種方式看待我們發生過的事，將它視為學習經驗——視為肥料，而非失敗——做為護根層，耕耘一個新的人，我們就該這樣看待過往的表現。我從中學到什麼？我可以怎麼藉此精進自己？我可以怎麼讓我現在和未來的輸入發揮更大的影響，助我成為我想成為的人？

自我形象

我投入了近六十年的時間處理我的自我形象，首先我們都有很多種自我形象，我以某幾種方式看待自己。我認為自己能夠做某些事，不能做某些事，除了多種自我形象，我們也有某種程度的自尊，也就是籠統的價值感。

自我形象很像天然的溫度計，你把一支溫度計放在屋子外面，它會告訴你室外的溫度。我相信多數人都曾這樣「在外面」過日子，他們仰賴外界發生的事來決定他們對自己、成就、收入、一切種種的感想。多數人會以外界設定的標準來衡量自己：社會設定的；名流設定的；媒體、好萊塢設定的；或許我們的爸媽早早就幫我們設定好：「你永遠一事無成」或「我在你這年紀時已經做這個做那個了」。

我很早就為自己設定溫度計了，我父親的月薪從來沒超過兩百美元，我們家的定價是一萬一千美元，而我們每個月要繳三十三美元的貸款。他告訴我媽，我們永遠住不起山丘上那種房子，只有有錢人才住得起那裡，所以我要自己相信，以後我一個月絕對賺不到一千美元。五〇年代時，那可是一大筆錢，但那是相當嚴重的自我設限，因此以後我常嘲笑自己曾把自己埋在那樣的花盆裡。

反觀自動調溫器則可控制溫度，那和冷暖氣連結在一起。設定高溫，暖氣就會啟動，把溫度拉高到你設定的數字；如果你設定攝氏二十度而氣溫是二十五度，冷氣會啟動讓你涼爽下來，然後停止運轉，最後你得到的就是你用自動調溫器設定的溫度。

神奇的是，我們大腦就有某個部分是用一模一樣的方式運作。事實上有兩個部分，一個是名叫下視丘（hypothalamus）的小器官，那裡掌控飽足感，那設定我們要吃多少東西，以及熱量在我們體內的作為。我們有些人不管吃多少東西，體重都不會增加，那正是下視丘活動的緣故。有人大啖炸薯條、馬鈴薯泥和冰淇淋仍骨瘦如柴，而我只要看看熱狗就會胖一公斤。

為什麼會這樣呢？是因為我的設定值，是因為我們的身體對熱動力學起反應的方式。熱量進，熱量出，有些人以比較高的速率燃燒，有些人的速率比較低，所以有些人不出所料會過重，有些人不會。

但我們可以改變設定——不是一次全部，而是一點一滴——透過在「心靈之眼」設定我們想像中的自己，這也就是設定值。我們是經由自己對網狀活化系統（reticular activating system）的理解來描述自己的設定值，那位於腦幹，大概四分之一顆蘋果大小，而它是你心智的守護者，它負責掌控刺激的衝擊。

讓我舉幾個例子。「別在街上跑，你會被車撞，把毛衣穿上，不然會著涼。」它會告訴你所有需要密切注意的事情，為什麼？因為它的目的是讓你活下去，且聚焦在你認為重要的事。危不危險？是好是壞？有沒有幫助？它是你的小R2－D2機器人，會盡責地聽從你為它設定的程式；它會一直試著讓你得到目前主宰你的思想，不一會兒它就知道你是誰，正如下視丘掌控你在休息時和運動時會燃燒多少熱量，網狀活化系統成為我們自我形象的心理設定值。農夫憑直覺知道什麼時候會下雨；為什麼一位母親會在旁人都沒聽見時，聽到孩子在樓上的哭聲？她將設定值設在「聽我的寶寶」，設在「不舒服、需要改變、我是媽媽」。

每個人都有非常類似下視丘的心理設定值，如果你長時間攝取某個數值的熱量，你必須燃燒某個數值的熱量來防止體重增加；如果超過某段時間你燃燒的熱量多過你攝取的熱量，你的體重會減輕，你會得到你嚮往的體重。這個目標是把自動調溫器設在你嚮往的體重，在你的新習慣開始運作後，下視丘會學習跟著調整。

這個事實的意義在於：你很可能得到你預期發生的事，如果你去聽一場演講，覺得那一定很無聊，那就會很無聊，因為你會去找每一個無聊的點；如果你認為另一個政黨都在幹蠢事，它就會繼續幹蠢事，因為你會一直留意它幹的蠢事。

你的自我形象一直是由你期望的事物、你想要的東西，以及你相信會發生的事情決定。比如你的朋友買了房子，位在聖地牙哥國際機場跑道盡頭附近，為什麼？「因為那裡比較便宜，他們知道那裡會有飛機的噪音，他們以為不會那麼糟，但那糟透了。」你去他們家作客，飛機起飛降落的聲音果然震耳欲聾，連杯杯盤盤都咯咯作響，過了大約三星期，他們說：「噢，那不礙事兒，我們已經習慣了。」

這話是什麼意思？他們自我形象的設定值，已制約他們不去聽飛機的聲音了，就像紐約人都被制約不去聽消防車或警車的聲音，但當他們來到丹佛，蟋蟀聲會讓他們徹夜難眠。反過來說，科羅拉多州的民眾不會聽到蟋蟀聲，因為他們已經習慣了。

你會得到的是你長時間設定的東西，自我形象是你心裡的調溫設定，就像下視丘是你大腦裡的設定，網狀活化系統一直在注意重要的事情一樣。恐懼會變成目標，社會裡發生的一切會變成降臨在你身上的事，「噢，我沒有談過好的戀愛，我相信下一段也是一樣。」你會實現你在自我形象裡設定的期望。

因此，至關重要的是留意能實現目標，而不只是消氣或緩和緊張的事物；是尋覓你想要的，而非你害怕的事物，因為大腦不在乎。大腦會給你主宰你的思想，會引導你多數時候的思考方向，你每天時時刻刻都在往目前主宰你的思想前進，要把注意力集中在你腦中事物的反面，是不可能的事。

你的心智沒辦法帶你離開你不想要的東西，它只會關注你一直在想的畫面，就算是你不想要的畫面，而且還會不斷放大，彷彿那是你的目標似的。

當爸媽叫孩子「別做這個，別做那個」，孩子聽到的正是爸媽叫他們別去做的事，這就是為什麼虛擬的現實會成為現實。你的自我形象設定就像自動調溫器，別讓它變成被新聞媒體、羶色腥、政客、相信唯有自己走的路是對的別人走的路都錯了的人決定的溫度計。我受夠了那些只因對方信仰跟自己的團體不一樣，就對他大肆批評的人，為何不給其他人的信仰一些空間呢？你不必相信他們，你只需要承認人的自我形象和信念是有根據的，騰出點空間給它們就可以了。

要建立自我意識和改變負面行為，一個更深刻的步驟是深深潛入內心，誠實地了解自己和自己的核心能力，接下來就可以在我們擅長、可能興味盎然或更有效率的領域採取行動。

人們通常難以鑑定核心能力，有人會說：「我的使命是什麼？我不了解我的天職為何。」

多年來，我一直是強森歐康納研究基金會（Johnson O'Connor research Foundation）[34]的擁護者，它的總部設在紐約，研究中心設在芝加哥，在全美各地都有辦公室，為所有人提供天賦才能測驗。

事實證明，孩子會一輩子帶著他們的核心能力、天賦和渴望前行，在某個時間點他們會經歷某種中年危機，而想回到他們孩童時喜愛且擅長的事情。

一項針對五十個孩子進行的研究證實了這件事，這項研究在孩子七歲時進行測驗，之後每七年追蹤一次，一直追蹤到四十二歲，研究證實孩子的樂趣、喜好、天分、擅長的事會跟著他們很久；然而這一路上，同儕壓力、雙親壓力、師長壓力、社會壓力，會帶他們走上不同的路徑，也許他們之後會回到屬於自己的路。

在我看來，要檢視核心能力，最好的辦法就是進行天賦測驗，你可以做優勢探索測驗（strength finder）[35]，也可以做邁爾斯－布里格斯性格分類檢測（Myers–Briggs Type Indicator）[36]，很多測驗都是免費的，有些在網路上就找得到。這些不只是膚淺的雜誌型心理測驗，你可以誠實面對你自認的長處，針對那些長處進行優勢測驗，因為沒有人比你更了解自己。你是你自己的專

34 編註：由美國心理測量學家、研究員和教育家強森．歐康納（Johnson O'Connor，一八九一～一九七三）於一九三〇年，在史蒂文斯科技學院（Stevens Institute of Technology）成立的人類工程實驗室，後來演變為非營利組織的研究基金會。

35 編註：一種為闡釋你所具備的獨特力量，解釋了你最自然的思考、感受和行為方式的測驗。

36 編註：又稱「十六型人格測驗」，由美國作家布里格斯（Katharine Briggs）與女兒邁爾斯（Isabel Briggs Myers），以心理學家榮格在一九二一年的《心理類型》為基礎，深入研究後加以提出。

家，你可能覺得你不是，但你跟你自己在一起的時間，遠比別人來得久，只要進行真確的自我意識測驗，你就可以誠實地面對自己。

不過，我要做的第一件事是撣去覆蓋童年的灰塵，我要回到七到十四歲之間，提醒自己我在學校、遊戲、放學和週末最常做的事，然後我會把那投射到我第一份工作。我熱愛我的工作嗎？或者只是為了錢？我是在何時認定，我當成職業來做的事，我是真的樂在其中？是何時認為我真的熱愛我的事業？也許從來沒有，也許我只是覺得我得賺錢，只能在閒暇之餘找樂子。好，那你在空閒時間喜歡做什麼呢？你最大的興趣是什麼？最大的嗜好是什麼？那其中有「專業」嗎？有可能兼差嗎？有可能在家工作嗎？有任何事情是你一直想做，也可讓你在工作之餘獲得滿足的嗎？

撣一撣覆蓋童年的灰塵，看看你童年的熱情所在，看看你十多歲時過得怎麼樣，看看你現在下工後喜歡做些什麼，你星期六最愛做的消遣是什麼？你可以在其中某個地方找到你的核心能力。為什麼？因為人會做他們愛做的事，也喜歡做他們最常做的事。一般來說，人會想做全職工作的事，就是他們最樂在其中的事。

這豈不美好？確實美好——對於熱愛科學到一天也沒上班過的科學家來說確實如此。對於喜歡教音樂的音樂老師，不也十分美好嗎？就算他們可以演出，他們卻更想教孩子，因為他們喜歡。要是我們可以玩耍而不必天天上班，這豈不美好？

我相信只要你仔細觀察你的核心能力，這一切就有可能。首先，把你以前喜歡做和現在喜歡做的事情，表面的灰塵撣乾淨，並做個正統的天賦測驗，可以諮詢專家，也可以上網進行。鑷子靈巧度——你多會使用鑷子？你可以穩穩拿住解剖刀嗎？剪東西剪得整齊嗎？會拆手錶嗎？會拆化油器嗎？有音樂能力嗎？你的美術怎麼樣？你有辦法把你看到的東西畫出來嗎？你有辨色能力嗎？你善於使用語言嗎？這些是天生的能力，不是靠學習的；這些是與生俱來的，你只需要多認識它們一些。

所以我送給我的孩子價格相當於一部新電玩遊戲主機，而能改變他們一生的禮物，當他們來到十四歲，也就是即將決定要立定何種志向時，我會給他們做天賦測驗。我會說：「哇，我有好東西要給你們，我有個方法可以讓你看看你的包包裡有什麼，你的籃子裡有什麼。有個辦法可以讓你明白你的自動調溫器裡面有什麼，而這就是我可以送給你們最棒的禮物：一項天賦才能測驗。不是要看看你和別人比較起來怎麼樣，而是要看看在你母親懷你的那一刻，你被賦予哪五到七種主要的天賦。」天賦是在受孕時播種，之後會萌芽生長。

我們也可以從朋友那裡得到回饋，他們可能會告訴我們：「老天啊，你比那厲害多了，你對自己太嚴厲了啦。」我們也可以讀讀部落格、看網路研討會、上網、上 YouTube 看看，我們可能會看到別人做我們一直想做的事，做得有聲有色。你會看到別人在我們這個年紀做的事，而我們會說：「等等，這些人跟我年紀差不多，教育程度也差不多，但他們克服了一切。原來那不只是有錢、有名的人，或奧運選手、超級盃冠軍才做得到。嘿！我也可以做得到！做那件事棒透了！」

請多和不斷努力精益求精的人來往，跟同樣相信想像中的未來可以實現的人一起出去。透過天賦才能測驗、自己虛心檢討，以及向可諮詢的對象和心靈導師尋求回饋，都可以了解核心能力。

這是一個優秀的教練會做的事：他不會告訴你該怎麼做，而會引導你自己想出辦法；他只會問你問題，由你給他答案；他會教給你基本原則，引出你的核心能力。

並非所有能力都是天生的，能力也靠學習，有些技能和興趣是你可以培養的。核心價值觀則不然，你很早就習得你的核心價值觀，而這些是最難改變的觀念，除非你找到你全心相信的榜樣，你可以拿生命、拿未來信任的模範。

下面是一些讓你可以探索潛力、發展獨特天賦、成為真正贏家的方法。首先，寫日誌是不錯的主意，日誌不只是日記，除了讓你聊聊今天做了哪些事，也是你書寫目標和想做什麼事情的地方，是你記錄日常想法並一再重溫、找出價值觀的一種方式。我建議大家都寫寫日誌，隨時隨地把想法記下來，你會在其中發現真正的寶石：你最愛的事物。

我也建議做個全面性的身體檢查，就健康而言，我們有某些遺傳易感性，我會舉個很好的實例。我的外祖父五十歲就死於雙肺炎；我和我兩個女兒則有支氣管問題；家父感染過結核病，所以我們全都遺傳了容易出現肺部問題的傾向。我的母系家族有稍微過重的歷史，所以我和我的一、兩個孩子都要注意自己沒有過量飲食，這就是為什麼當你進醫院做身體檢查時，醫生都會問你：「你的父母親還健在嗎？你有兄弟姊妹嗎？他們多大年紀？」我有個比我大三歲的姊姊，所以我以她為標竿。

如果你做了全面性的健康檢查，發現你的近親有某種疾病史，你永遠可以採取預防之道，好好保養自己，而非等待什麼突然垮掉（通常我們要等車子發不動了或嘎嘎作響，才會開始照顧車子）。對我來說，全面性的身體檢查真的非常有用，因為我有部分能力和健康及「做好準備」息息相關，特別是老邁的現在。因為我探究過我的健康能力，我現在的表現比實際年齡年輕，不過我確實有好幾個出乎意料的健康問題，而我正以八十七歲高齡對付它們。我跟任何人一樣脆弱，里程表上的數字節節高升，但相信透過避免不健康的習慣、保持樂觀、年輕的心態，我的黃金歲月已經延長了。

我也建議你突破日常慣例、拓展你的舒適圈，有些非常有趣的研究證實，人們退休後（特別是從軍旅和教練生涯退休）往往會喪失活力，除非有什麼把他們拉往新的方向。人的能力用盡廢退，假設你喜歡打高爾夫，你退休了，你說：「我每天都要打高爾夫。」而你真的天天去打，然而這裡有個問題，因為除非你做點新的、不一樣的事情，大腦會開始喪失神經元活動，光是天天打高爾夫（你一直在做的事）並無法將你的大腦延伸進入新的疆界，那無法提升記憶力，或讓你更靈敏。

因此，請走出舒適圈，幹點新鮮事。換種交通方式去工作；夏天去季節跟我們相反的地方滑雪；脫離一成不變的窠臼，養成一些新日常，因為你的大腦將開始以不同的方式運作。

當我進入技術領域（我不擅長的領域）我的大腦必須稍加運作，開始放射出神經元，這意味我的大腦更積極地運作，因為我嘗試了新的、不一樣的事情。

因此我建議你跨出舒適圈，換種方式拓展自己，這包括交一群新朋友。我們老是和想法、信念、投票取向與我們雷同的人廝混，但我認為多元的生活方式（新朋友、新餐館、新風味餐廳、新嗜好、學習新事物）不只能保持年輕，也是保持靈敏和自信的絕佳方式。

前兩年我意外住了幾次院，也動了幾次意想不到的手術，醫師總是提醒我，回家以後，我該注意自己走路的方式。他們告訴我：「像你這樣的長者常發生的一件事情是，你會開始失去平衡，六十五歲或七十歲以上的長者比較容易摔倒。」老人家的平衡感不如以往，一個原因是當你年紀大了，你會開始一邊走路一邊看著地上，也會抓欄杆。這意味你不再挑戰內耳幫你保持平衡，你用了你的眼睛，用了抓欄杆的手；我發現當我直視前方、用內耳平衡幫我維持直視前方，而非低頭看著地上時，我的平衡會好得多；我會先往下看一眼，確定哪裡有臺階，然後就直視前方。信不信由你，我的平衡感比多數快九十歲的人好得多。

還有一個建議是列一張「我是」清單：「我是健康的」、「我是強壯的」……你也可以寫一張單子列出你想要改進，或是你不擅長的事項。請看看你的能力和限制何在，你可能會想要使用「我是」清單培養更多能力、拓展自己。這也是寫日誌的一部分，直接畫一張分作兩欄的表格也不錯：一欄寫「我是」，另一欄寫「我不是」或「我想要更多這個」。

我也建議你透過別人的眼睛看看自己，這就叫「同理心」，同理心不只是對他人設身處地，也包括用別人看你的眼光看自己。誠如蘇格蘭詩人勞勃·伯恩斯[37]所寫：「願上蒼給我們少少的恩賜／能像他人看我們一樣看清自己！」假如我們能像他人看我們那樣看自己，或許真的會震驚不已。那就是為什麼你不需要酒肉朋友，你需要能告訴你事情真相的朋友。曾經有人告訴我：「丹尼斯，你知道你老是遲到，那就是大家叫你『魏特利』[38]的原因，因為我們都得等你。如果你能提早或準時到，我們會更喜歡你。」現在我是一定提早或準時到場的人了，別人會像這樣觀察我，而且給我誠實的三百六十度回饋。

這就是為什麼我會提到，我們該捫心自問底下這些問題的原因：假如我是我的孩子，會多喜歡像我這樣的父親？假如我是我妻子，會多喜歡像我這樣的丈夫？假如我是我爸媽，會多喜歡像我這樣的兒子？假如我是我的朋友，會多喜歡像我這樣的朋友？假如我是團隊成員，會多喜歡像我這樣的上司？假如我是上司，會多想擁有像我這樣的成員？你可以像別人看你那樣看待自己，徹底反省一番。

37 編註：Robert Burns，一七五九～一七九六，蘇格蘭的民族詩人，被視為浪漫主義運動的先驅。

38 譯註：「魏特利」原文「Waitley」中包含「Wait」的字母，等待之意。

我的孩子很優秀，我們進行討論時，不會相互批評，而會告訴彼此有哪些地方或許可以稍微改善，我們會用「正強化」的方式進行建設性的忠告。

也建議你聽真話、說實話，聽真話的意思是要慎思消息來源，網際網路就像研究調查一般為我們提供意見，所以我一定會查看意見的源頭。是誰說的？那些人是誰？是名人說的嗎？是新聞評論員的意見嗎？合乎必要條件嗎？是第一手還是第二手資訊？是出自某所大學嗎？是做了什麼樣的研究？是軼事或是經過盲法試驗驗證的產物？是出自某項合格研究，例如史丹佛或哈佛所做的研究嗎？事實和時尚的差別在哪裡？事實通常是經過一段時間研究的東西……我一定會注意話是誰說的、他們為什麼要說、什麼時候說、有沒有資格說。

說實話的意義也是一樣，你所說的每一句話都是一種意見，那不見得是基於事實。事實上，多數人講話都是以自己的信仰系統為依歸，後來他們發現許多他們信以為真的事情其實不是真的：世界不是平的，你不會在盡頭掉下去。關於成功和生命本身有許多迷思，我說話的時候，我會說「這是我的看法」或是「這是目前據我所了解」、「這是我發現的結果」，而你可能會想親自查證。但我從來不講「有人說」、「聽說」或「你知道嗎？」這種稱不上是個人意見的話，我聽真話，也希望我自己說的話都獲得了可靠來源的證實。

我的最後一個建議是獨處三十分鐘，我每一天、每一晚都這麼做，這是為自己選定要務的方式。我早上會花三十分鐘，或許從六點十五分到六點四十五，仍躺在床上，仔細思忖，以便確定那天有好的開始；我會在腦海反覆回想那一天要做的最重要的事，以便率先把它們完成。

多數人會把一天的第一個小時，浪費在紓解緊張而非達成目標的事情，我們會熱切地檢查收到的訊息，email、Twitter、Instagram 和 Facebook 貼文；我們會來杯咖啡（這沒有什麼不對），然後打開電視看到目不轉睛、呵呵大笑，甚至被我們看到的畫面嚇得魂飛魄散——這就不是度過一天第一個三十分鐘的好方式了。

不妨花那三十分鐘思考：「這些是我今天要做的事，我的清單如下：第一件、第二件、第三件。第一件，馬上行動；第二件，今天結束前完成；第三件，可以放到明天。」一下床，我就會歡欣鼓舞地開工。

白天，我可能會在午休或散步時間問：「我現在做的事情是否讓我更接近我的熱情？是否幫助我和我的家人達成目標？」這就像在稽核我花這些時間做這些事情是否合理。

晚上，我總是帶著感恩和愉快的心情上床睡覺，我最後三十分鐘會在迷迷糊糊中度過，感謝這一天發生過的事，並再次確認這是充實的一天，而非虛度的一天。

健康自尊的特徵

擁有健康自尊的人是謙遜的，這樣的人怎會不謙遜呢？如果你得到了對你有益的好東西，你怎會不謙遜、怎會不想和你的粉絲分享？有些世界最偉大的運動員對粉絲滿懷感激，永遠在粉絲身邊，不會自以為重要到連名都不簽。他們是謙遜的，他們得到了那麼多，而想公開與他人分享；他們不會用攻擊別人來證明自己，而會加倍溫和、加倍關懷。

自尊高的人也有良好衛生習慣，為什麼？如果你喜歡你自己，就會照顧好你的身體；他們步伐穩健，彷彿知道自己要往哪裡去；他們站得正、坐得直；姿勢良好；他們會第一個做自我介紹，因為他們想要接觸你、認識你；他們不會等待別人走向他們；他們會做適當的眼神接觸，笑臉迎人；他們會先伸出手，他們的身體語言更自在；他們不必大聲嚷嚷自己是誰。

這恰恰與今日社會截然相反，今日社會，有人會不斷捶打自己的胸膛說：「我好棒棒，我好了不起。」這適用於拳王穆罕默德．阿里[39]，因為他的工作是威嚇對手，甚至告訴對手他們將於何時倒在他的拳下。若你是羅馬鬥劍士，你當然需要強烈的自負，但如果你有健康的自尊，就不必這般自吹自擂了。

自尊高的人不自誇、不咆哮、不吼叫、不蠻幹，堅定自信而不具侵略性，他們擁有一些多數人會和好人及好女孩畫上等號的特質。有人說：「好人難出頭」、「你得提防第一名」、「你得踩著別人頭頂往上爬」，這完全背離事實，人在社會上是相互依賴的，你必須和他人一起贏，而非各行其是。

低自尊的人衛生習慣不佳，怎麼會好呢？他們為什麼要照顧自己呢？他

39 編註：Muhammad Ali，一九四二～二〇一六，美國男子拳擊手，於一九九九年被選為世紀最佳運動員。《體育畫報》雜誌評

們不值得大費周章，何況，你還能拿你開的這部老爺車怎麼辦？可是，你的身體為什麼不該是太空船呢？你的身體為什麼不該是你所擁有最重要的交通工具呢？

如果你自尊低，你可能會抽太多菸、喝太多飲料、吃錯東西、不特別愛乾淨愛整潔，你顯然不大在乎別人怎麼看你，但這不是在意外表，而是關心你自己的健康，和保持健康。

自尊低的人特別愛批評，他們喜歡滅他人威風；他們心胸狹窄，無法忍受任何人比他們更高、更好、更重要；他們老愛抨擊別人。

招搖、可憎的人想要說：「我名叫約翰．狄林傑[40]，我不會傷害你的，我只是希望你知道我是誰。」他常猛然闖進農家恫嚇民眾，他希望大家知道要犯約翰．狄林傑本人親自蒞臨。

你可能會把自我膨脹、妄自尊大的感覺和真正的自尊混為一談。自戀又反社會的人想要位居萬人之上，我們發現有些暴富新貴熱中此道，他們想向大家展現他們有多成功、炫耀他們擁有多少財富，那就是我們俗稱的「醜惡的美國人」[41]。以往醜惡的美國觀光客會說：「嗨，我是美國人，這裡有人會講英文嗎？」因為他們有錢，他們覺得不管去哪裡旅行，都可以為所欲為。

同樣的事情也發生在其他生活水準日益提高的國家，他們逐漸變成新的醜惡觀光客，因為他們自以為重要，但其實一點也不重要；他們會自我膨脹，不做謙遜的旅人。

低自尊的人也對自己吹毛求疵，當你讚美他們，他們會斷然反駁，例如你說：「這件洋裝真漂亮。」他們會回：「又不是新的。」有健康自尊的人會舒坦地接受評價，用簡單一句「謝謝你的讚美」來表現，然後他們也會讚美你一番。

低自尊的人會說：「這沒什麼，我只是運氣好。沒什麼大不了，那一點也不重要。」當你說：「這是我們送你的生日禮物。」他們會說：「幹嘛這樣，

40 譯註：這裡作者以美國大蕭條時期惡名昭彰的搶匪約翰．狄林傑（John Dillinger，一九〇三～一九三四）為例。

41 編註：源自一九五八年面世的暢銷政治小說《醜陋的美國人》（*The Ugly American*），內容講述兩個美國作者在冷戰初期，諷刺美國官民在外國的傲慢作風，尤其在東南亞失敗，曾改編拍成電影，由馬龍．白蘭度（Marlon Brando，一九二四～二〇〇四）主演。

我不值得你們大費周章。」任何送給我們的禮物，我們都該視為與我們相稱，欣然接受；低自尊的人則動輒自我貶抑、自我批判，覺得自己不配。

自這個主題於一九七〇至八〇年代開始討論，有些研究使我們不免懷疑，自尊其實稱不上人格的指標，有些研究證實罪犯，甚至包括虐待兒童者，一般並未深受低自尊所苦。另外，美國學生向來在學業上表現出高於亞洲學生的自尊，就算測驗結果顯示他們在那些學科真正擁有的知識其實不如亞洲學生。事實上，自尊和學校成績的關係不算密切。

我們必須根據這個事實來看待自尊：我們正轉變成愈來愈自戀、愈來愈膚淺的社會。在我看來，很多美國人都把自負和真正的自我價值混為一談，我不認為他們討論的是健康的自尊，他們討論的是被現今社會認定為自尊的東西。我們儼然成為遠比從前更加咄咄逼人的社會；我們認為我們想說什麼就說什麼，想做什麼就做什麼。你看著電視節目單上，「對抗性」節目隨著《傑瑞．史賓格秀》（*The Jerry Springer Show*）[42]大受歡迎，如雨後春筍冒出來，而你看到人彼此抱怨，互相扭打、咆哮、罵粗話，我們無拘無束地表達自己的情感，而用負面的方式比用正面的方式更具表現力。

再舉個例子：我上學的時候，當老師走進教室，我們都會起立向老師敬禮，我們非常清楚自己的角色和老師的角色。

今天我常造訪全美各地的高中，發現學生太過強調「我看起來怎麼樣」、「我屬於哪個很酷的小團體」、「我穿的是哪款設計師服飾」、我的外表怎麼樣，而非我擁有哪些獨特經驗、共同價值觀和抱負。他們想要自我表達的自由，實際上卻展現出一致性——他們全都加入了一種流行文化運動，充滿挑釁的外表是他們引人注意的最好方式。對我來說，這與對你自己感覺良好無關，那只意味他們想被視為值得注意的對象，但不見得是好的方面——只讓人覺得挑釁。

我發現，一個具有真實自尊和真正價值觀的人，比妄自尊大、令眾人心驚肉跳的老闆，對組織更有貢獻。很多人認為自尊等同於讓人印象深刻或製造大量噪音，我覺得這是因為我們已經步向一個更嘈雜、更具侵略性、不像以往那麼優雅的文化。我們真正欠缺的是禮貌，對我來說，彬彬有禮展現了

42 編註：主持人傑瑞．斯布林格曾是一名政治人物，《傑瑞．史賓格秀》主要內容就是互相揭露參演嘉賓的隱私，從而激起怨恨、謾罵甚至時有發生肢體性暴力事件，曾被《電視指南》雜誌評為最差的電視節目。

健康的自尊，無禮則表現出低自尊。

這樣的情況似乎是隨著社群媒體轉變，你可能認為，我們對社群媒體和「讚」數、「豎拇指」數和笑臉符號的迷戀，使我們更難獲得高自尊。例如，青少年的世界追求表面的接納，成功通常是由你有幾個人追蹤或獲得幾個讚，或者你的影片有沒有「爆紅」來評斷。

但某種程度上，我們一直都是如此，我們都想成為小團體的一分子。我記得我高中時也跟其他人一樣想被接納，我做特定裝扮表示自己屬於那個團體，但那通常是穿得體面一點，而非不修邊幅。穿得體面的意思不是穿奇裝異服，只是指乾乾淨淨、整整齊齊，不要骯髒邋遢，此外那也跟穿新鞋、穿新褲、戴金鍊子來「炫富」無關。

一個十幾歲的女孩說：「那個足球明星選手真的跟我講話欸！」我心想：「這不是他該做的嗎？他是明星足球員，如果他有自信，他應該跟每一個人說話，他應該是世界最體貼的人。」那些諸事順心的人應該是世上最親切的人，而非妄自尊大的人。

今天，大家都想脫穎而出——卓然出眾也好，或僅是與眾不同也好。我們都想突顯自己的不同，所以我們會想引人側目——於是把頭髮染成綠色或橘色。

在今天的美國，我們沒什麼集體心性或所謂「樂儀隊」心性。我觀察過所有在體育部門設有樂儀隊的國家，信不信由你，如果你有樂儀隊，那通常是因為你有不錯的足球隊。你有相當程度的紀律，因為如果你不試著跟上腳步，就無法以一致的步伐前進。在我擔任奧會運動心理學主席、與奧運選手合作那幾年，我對於這個全球一致的現象深感訝異：不論傑出的個人或團體表現，都是強調團結而非孤軍奮戰。

籃球名將比爾．華頓[43]在抗議越戰的時候說他想缺席練球，因為他有反戰的個人權利，但他的教練約翰．伍登跟他說：「你可以這麼做，不過，我們球隊那一天要練球，如果你想成為UCLA籃球隊的一員，你就得跟我們其他人一起練。」

相當程度的自尊，也會影響我們對社群媒體追蹤者的看法，每天都有

43 編註：Bill Walton，一九五二～，綽號紅色巨人，前美國NBA聯盟的職業籃球運動員及電視評論員，被認為是聯盟歷史中最偉大的長人中鋒球員之一。

人問我的Facebook有多少人追蹤，我說：「噢，就很一般的五千人，但每一個想加我朋友的人，我都接受。一加到五千個朋友，就不能再加了，然後我開始獲得或許一萬、兩萬或三萬名粉絲，但他們跟朋友不一樣。然後我上了LinkedIn，突然就被連結了，我發現我有五個追蹤者，而現在有一百五十個。」

我必須擴充受眾人數，好讓人們認為我很重要——這便掉入根據有多少人認同我們來評價自己的陷阱，這是很可怕的陷阱，因為這與傑不傑出或品質優劣毫無關聯。群眾從未完成什麼或生產什麼，那充其量只是為有天賦、有紀律的人的表現加油打氣，但人數一多，也可能聚眾滋事。

數位世界有辦法把一切轉化成數字，再變成商品。但培養健康的自尊與自我的「去商品化」（decommodification）有關——讓自己真誠、具有獨創性。

生活會模仿時尚，時尚不會仿效生活。時尚是由知道我們想要下一件好物的人決定，這就是為什麼裙襬時高時低，鞋子的樣式和顏色變來變去，那不是根據消費者的需求，而是根據時尚產業想給我們新東西，賴以大發利市的欲望。我們必須了解：當商人推銷商品時，我們之所以相信他們，是為了能夠成為小團體的一分子。從前，吟遊詩人會從城市來到鄉村，用民謠或歌曲告訴鄉下民眾城市居民在做什麼。早在那時，生活就在模仿時尚了：一得知城市人在做什麼，鄉下人就開始依樣畫葫蘆。我見識過我們是怎麼經由告訴消費者你該聽哪些類型的音樂、該做什麼找樂子，以及何謂樂事來操控他們。

擁有傳教的力量、網路的力量和社群媒體力量的人，可以塑造時尚和大眾的品味。我會想看到更多個體性，那意味發自內心的動力，而非隨波逐流。我認為很多人都在隨波逐流，沒有試著保持原創性；他們跟從數字、外表和他人，有樣學樣。

培養正向的自尊

讓我們開始採取行動，一步步培養正向的自尊吧。第一步：隨時展現最佳服裝儀容。未必要做時髦打扮，你不必穿設計師服飾，也不必跟著別人穿衣服，只要乾淨整潔就好。當我在郵輪上發表演說時，我不會穿西裝，也不會穿短褲或泳衣，我會穿商務休閒風，讓受眾覺得我是能傳遞資訊的人。

當你參與某件盛事時，別人會產生立即的反應，我們仍會依第一眼的印象評判人。當我前往某項盛事，我發現稍微過度打扮的人，會比裝扮不夠講究的人產生更多正面衝擊。若你是搖滾巨星，若你是傑夫．貝佐斯[44]，若你是頂尖人物，你可以穿涼鞋、短褲、T恤來，這可以說是功成名就者的制服了；若你跟我們其他人一樣，仍在努力打入某個有特定行為準則的團體，那個準則就非常重要了。

第二步驟是，改進你的身體語言，身體語言在今天非常重要，也是引領我們邁向成功的要素。事實上，史上最受歡迎的TED演說之一是由哈佛商學院教授艾美．柯蒂博士（Amy Cuddy）主講，她一直在暢談身體語言和姿態，認為這些就是決定第一印象的最重要因素。

如我們所知，第一印象會持續到永遠，在今天的數位世界，製造第一印象不用兩秒鐘。事實上，你走進來那第一個千分之一秒，人們就會取得對你的第一印象，你的姿態決定許多事情：你站得夠不夠直？坐得夠不夠挺？有沒有邁開大步？腳步是否篤定，彷彿你知道自己要往哪裡去？坐著時兩腿交叉嗎？兩臂交叉嗎？你的姿態，你的身體語言對其他人訴說了什麼？

柯蒂的研究發現，身體語言展現自己開放、討喜、親切、願意接納的人，遠比整天（可以這麼說）坐在電腦前的人容易被他人接納。我是否因為待在螢幕前面太久，導致兩肩向前弓著了？我得學習放鬆，讓肩膀退回去。

我注意到參與盛會的人要上洗手間時，多半有點偷偷摸摸地離開，他們不想被人發現在演出期間去上廁所。

擁有健康自尊的人可能會說：「哎呀，人人都需要去洗手間啊，我當然不會躡手躡腳、怕被發現。」這就是為什麼有些人喜歡坐在房間後面——離開比較方便——而非坐在前面，就算坐在前面能和講者有更多互動。

第三個訣竅是專注於我們的長才。人生苦短，假如我們有一千年，就有足夠的時間探索更多事物，但何不充分利用你的天賦，把那發揮得淋漓盡致呢？善用優勢，不要擔心缺點。

44 譯註：Jeff Bezos，一九六四～，美國亞馬遜公司創始人及現任董事長，二〇一九年登上全球首富。

這就是為什麼這一點很重要，你的團隊需要長處能彌補你所不足的成員。我不善於組織；我不擅長聘用或開除人；我需要專心發揮我的強項：做一個親切、開放、討喜、可信賴的講者或作家；我需要善於組織的人才、行銷人才、遠比我精通數字的人才。直到最近，我這輩子從來沒想過錢的事——除了吃飯要有足夠的錢付賬以外。我從沒想過要變有錢，從沒想過自己可以賺多少錢，直到最近我才想到自己需要財務獨立，以免最後得住在孫子家裡，或被丟去養老院。錢從來不是我衡量成功的標準，因此我的長處和才能也不是財務取向，它們是內容取向。

第四個訣竅、也是最後一個訣竅是，讓每天在家裡和辦公室的第一個和最後一個十五分鐘，成為最重要的十五分鐘。這乍看下很簡單，但若你靜下來仔細思考，你「登入」、「登出」一天的方式，會決定這一天對你的意義。

每一天，當你第一次碰見某人時請說些好話；如果你得去上班，請說一些讚賞而非否定的話；然後，這一整天，做一個會對周遭一切表達感謝的人，要鼓舞人心，不要咄咄逼人。這天結束前，在你離開工作地點時，找個理由讚美大家，說些好話；這樣一來，在你到家時，你的心情會比較正面，不會像隻狗對你見到的第一個人汪汪叫。

你必須在回家時立刻轉換角色，這也要從表示讚賞開始，對我來說，晚上的「登出」就是對你獲得這一天表達感激。我想，多數人在年華老去、明白自己時日不多時都能理解這點，他們真的像我一樣，來到超級盃的第四節了。

Chapter

5

選擇致勝

在瞬息萬變的世界為結果負責

我曾在初版《致勝心理學》裡提到，人生可比一項「DIY」計畫，今天，我相信這有過之而無不及。我一直相信人生是和造物主的二重奏（不論你如何看待造物主），我會看著鏡子說：「丹尼斯，你就是那個阻礙你的人，就是那個從你年輕時給你增添包袱的人，就是那個已經接受你的角色的人。」你得看看自己，要不接受事情現在的樣子，要不決定改變事情未來的模樣。

你每作一個選擇就會有事發生，你會因為那個選擇得到報酬或後果，而你必須與之共存，因此，請花點時間反省你的行動會怎麼影響其他人：如果我這麼做，會發生什麼事？

父親在我九歲前後離開，這使我九歲就成為家裡的男主人，就算不願意我也必須承擔更多責任。我得照顧比我小七歲的弟弟，得把他扛在肩上過十二條街到海邊，因為他不想他的腳丫子踩在火燙的路面；我得一直把他帶在身邊，早上帶他去托兒所，下課後去接他回家，他是我的小傢伙。事實上，我開始做我幼弟的父親。我一直承擔某種父親的角色，那就是我熟記牛頓運動定律的原因——每施加一個作用力，都有等量的反作用力。

我認為贏家對事件擁有相當程度的主控權，這種說法似乎與當前許多文化趨勢背道而馳。現在很多人說經濟都是頂端 1％的人操縱，說我們面臨極大的所得不平等，說社會流動不像以往那麼活躍了，人們對於能否達到更高水準的財務成功，似乎不具有太大的掌控力。也有人說，世人對於特定性別或種族有與生俱來的偏見，說比起過去，現在的年輕人被學貸綁得更死，以至於大學一畢業，卡債就堆積如山。這些和其他因素都會造成若干效應，就算不是我們想要的效應，上述主張似乎都在挑戰「我的命運由我主宰」的概念。

我會這樣回答：人們正走向「享受權利」，而非被「授予權力」。也就是說，他們指望獲得照顧是因為一直以來，他們獲得的照顧多於他們理應得到的。我就是那種比以前的父母更照顧孩子的爸媽，我希望確保他們不必像我那樣艱苦奮鬥，希望確定他們獲得比我的爸媽，甚至我自己更好的教育。

然而，這是史上第一次，車庫裡、宿舍裡的個人，可以帶著構想坐在那裡，透過數位通訊和網際網路成為富有的企業家，不必再像過去那樣必須遵循一整套階級標準才能爬到頂峰。只要看看史蒂芬．史匹柏[45]、比爾．

蓋茲[46]、戴爾電腦的麥可・戴爾[47]就好。史匹柏大學沒畢業；蓋茲在哈佛唸完大一就輟學；戴爾小時候曾挨家挨戶賣東西。

我認為這個新時代已激盪出更多機會、創造更多億萬富翁和更多白手起家的故事，更多人從農田躋身富豪之林，在中國更是如此。我一直在研究中國的新富豪，中國創造的億萬富翁比我們多，因為市場規模廣大，他們能夠發揮創業精神，並且運用技術。

我認為這個時代是史上數一數二的良機，就算人們仍對看來與我們不一樣的人抱持偏見，因為，如我所說，多元性仍是人用自個兒的眼睛所見的東西，世上免不了有「我們有別於他們」的感覺。

然後是勞資對立，在獨裁政府，他們說：「叫他們吃蛋糕吧。」[48]意思是

45 編註：Steven Spielberg，一九四六～，美國著名電影導演、編劇、電影製作人。

46 編註：Bill Gates，一九五五～，美國著名資本家、投資者、軟體工程師、慈善家，和保羅・艾倫（Paul Allen）一起創立微軟公司，並曾連續十三年蟬聯世界首富。

47 編註：Michael Dell，一九六五～，世界最大電腦製造商之一戴爾公司的創始人及董事會主席。

48 譯註：語出自盧梭（Jean-Jacques Rousseau，一七一二～一七七八）自傳《懺悔錄》（*Confessions*），他描述有天在找麵包搭配偷來的葡萄酒時，想起「尊貴公主」，即後來的瑪麗・安東妮王后（Marie-Antoinette）的話：「……有人告訴她說農民沒有麵包吃了，她回答說：『那就叫他們吃蛋糕吧！』」

「讓他們吃麵包屑，讓底層的人有麵包屑吃，我們掌控經濟的人就擁有所有權力了。」共產主義也是這樣，就連資本主義也有某種程度如此——華爾街的巨資投資人能以最低價買入Facebook、亞馬遜和所有新發行的股票。

富者愈富，向來如此。但這個時代也是史上第一次個人可以靠知識、傳播能力、資訊近用，以及創新能力獲得遠勝以往的財富，這是創新的年代。

看看我們學到了什麼：有了線上學習，我們發現，現今上常春藤聯盟的學校或許不像以往文憑時代那麼重要了；以往家世很重要，今天，你能不能在《創智贏家》（*Shark Tank*）[49]賣出你的構想，能不能成為企業家，家世沒那麼重要了。今天，如果你能節省別人的金錢和時間，就會有比以前多得多的時間和金錢做你真正喜歡的事。儘管我們想用「他們是他們，我們是我們」做藉口，但事實就是如此。

我們只被給予生命、自由、追求快樂的權利，我們生活的社會感覺像有獲得成功的權利，而非被授予追求成功的權力，這就是為什麼我仍相信，資本主義和一定程度依據卓越標準的競爭是最好的方式。

我又要舉奧運為例了，奧運不見得是打敗別人或取得第一的賽場，參加奧運是為了看你在你充滿熱情的領域，相較於世界級選手，表現有多精湛。只要盡全力表現，你已經證明自己很了不起了——那不是為了打敗其他人，而是為了發掘屬於你自己的卓越之道。我對資本主義永遠抱持樂觀，永遠樂觀地相信未來歸我掌控，而我認為我在今天擁有的機會比過去來得多。

如果選擇自由是銅板的正面，那背面就是承擔責任的必要了，我們必須認真看待生命裡的因果法則。我們有責任作出明智的選擇，也有責任承擔那些選擇的影響，這跟因果關係是一樣的。我們必須承擔後果，就像我們買了房子就必須付房貸。

自由不是毋須代價的，不論你在生命中擁有什麼被賜予的事物，你都必須割捨什麼，或去做什麼。如果你想住在自由的國度，而有其他人想侵犯它，你就必須為你的自由奮戰，你甚至必須犧牲你的生命來為未來的世世代代保住自由。

49 編註：二〇〇九年美國ＡＢＣ製作的實境節目，在每一集節目中都會有好幾組創業者前來，跟五位風投、天使或成功創業者背景的「鯊魚」們進行事業成果發表，「鯊魚」們會決定是否要投資。

不繼續為你作的選擇採取負責任的行動，就不可能保住自由，對於你作的每一個選擇，都有必然的後果或報酬。這讓我了解我的選擇是多麼珍貴，以及要無憂無慮住在自由的社會，堅不放棄，需要多大的努力，我們愈期望別人照顧我們，就愈不能照顧自己。

因此我要對為人父母者提出這個強烈的警告：別幫你的孩子做事，比如幫他們綁鞋帶好讓他們早一點到校。讓他們掙扎一會兒，學會自己綁鞋帶；讓他們承擔忘記帶作業的責任，不要幫他們送去學校；讓他們先學習承擔不會損及自尊或造成危害的輕微責任。別讓孩子冒生命危險，但要讓他們冒著嘗到小小失敗的風險，學會為結果負責。

很多時候，人們在談到教導孩子責任的話題時，可能會出現兩種極端：縱容與專制。過分縱容的家長會說：「我在教我的孩子負責任，他們想做什麼，我就讓他們做。我讓孩子小小年紀就在外面玩一整天，他們會明白的。你得擦破幾次膝蓋才會記取教訓，最好讓孩子在失敗中學習。」這是完全放手的教養之道。

另一個極端是強硬專制路線：「我在教我的小孩負責任，他們得遵守這十條準則，如果違反其中一條，就會受到輕微的處罰，整天都得關在房間裡。」

我覺得這兩種極端都不好，我們生活在非常縱容的社會，差不多可以為所欲為。我們認為更縱容就是更開明、更包容；我們認為那是擁抱多元，但那些不是同一件事。縱容是說「去啊，去做啊」，但縱容的問題在於，那告訴人們想做什麼都可以，只要我喜歡沒什麼不可以，不必遵守任何標準。

縱容家庭的孩子沒有穩定的力量，確保他們在狂風大作時不致翻覆。在縱容的家庭，第一件真正的悲劇發生時，他們無法理解那怎會發生在他們身上。他們沒有界限；他們沒有根可以抓；他們會被亂颳的風吹來吹去；他們會非常情緒化，心情跌宕起伏；他們有翅膀，但沒有根。

因為當過海軍軍官，我一開始是個專制的父親，獨裁者會說：「順我者昌，逆我者亡，如果我想聽你的意見，我會告訴你。我們要去這裡度假，我們要去迪士尼樂園，因為我知道你們會喜歡。」

專制型教養類似軍事教育，獨裁統治的問題在於：當春假來臨，孩子就無法無天；貓不在，老鼠就作怪。如果你生活在非常嚴格、高壓的環境，沒有機會一點一滴考驗自己，當那些限制突然撤銷，你就極可能變得太過放蕩。春假儼然成為一種生活方式，因為你覺得自己從爸媽的監獄裡假釋出來了。

有一次我接受採訪時讓兩個女兒隨行，採訪人說：「有像丹尼斯這樣的父親一定很棒，樂觀又正面。」

我的女兒說：「他以前真的很嚴格，對我們期望很高。」她們說：「爸，你沒忘記吧，度假地點總是你決定，你記得有開過家庭會議問我們夏天想去哪裡嗎？」

「沒有，」我說：「因為我知道我們時間不多。」

「不是，是你以為我們想要那樣，因為我們該去哪裡都由你決定。」

縱容是放任，專制是獨裁，你不會想放任，也不會想獨裁，你想要兩者之間的威信。有威信的家庭會說：「聽我說，我觀察了很久，我希望你明白，我不想要你去這場派對是有充分理由的：那裡沒有家長監督。」

「可是爸，其他孩子都會去，朋友爸媽的秘書也會在場，她二十一歲了，她和她男朋友會照顧我們的。那會是場很棒的派對，爸，真的啦。」

當然，你知道派對會有不速之客和未成年飲酒。有威信的爸媽會說：「好，那這樣吧，你想和朋友共度美好夜晚——這樣很好。我會打電話問你朋友的爸媽，確定有邀請你，然後我會確定你平安抵達、平安到家。」

你解釋為什麼要訂這些規矩，你會給孩子機會說出自己對那些規矩的看法。優秀的領導人會解釋任務是什麼、你們要努力完成什麼，並給同仁機會陳述他們為什麼會有那樣的感受，然後他們得作決定。

務必讓罪刑相當，不要說：「因為你違反規定，你不可以去畢業舞會了。」你可以禁止用車一星期，或拿走使用智慧型手機或平板的權利。

孩子嘴巴說不要，但其實是想要界限的，他們永遠在測試你的極限，也永遠全盤接受你可以給他們的限制。

我一個女兒在十四歲時說：「我要去我朋友家過夜。」

「還有別人會去嗎？」

「沒有，她爸媽會在，沒有其他人會去，我們只是打排球打膩了。」

然後我注意到鄰居一個孩子拿著大型手提音響經過我們家的院子，往女兒朋友家去，我說：「噢噢，事有蹊蹺。」

我們開車過去，果然，那對爸媽到棕櫚沙漠去了。那些孩子醞釀開一場派對，而一如所有年輕人，他們找了藉口。他們告訴我們某件事，只是為了看看我們會不會追查到底。

我得向我的孩子說很多次「不」，年紀小的會說：「不公平。」但你已經歷過所有大孩子企圖開脫的事，所以你已經知道他們會怎麼操控你。反過來說，我不會做任何有損他們自尊的事。

還有一點要注意：你絕對不會想危及孩子的安全。有威信的爸媽會堅持騎自行車或溜滑板一定要戴安全帽；有威信的爸媽會說明為什麼做某件事很重要，也會解釋規定的意義；有威信的爸媽會說：「我們發現這種做法最好，但我很樂意聽你的意見。」

反觀專制型的爸媽會說：「因為我是你爸，我說了算。因為我懂得比你多，我們家就是這樣運作的。」

這些年來，我們已經從專制變得較為縱容了，我們獨裁了很久，而很多家庭至今仍是如此。等孩子獲得「永遠的春假」、離開家後，他們會付出代價的。

選擇與機會

我在很多作品中提到贏家是憑藉作選擇，而非冒險維生，雖然我們都要負責在生命裡作選擇，但不能把作選擇和冒險搞混。

選擇是你先針對可能的結果做了某種程度的功課，一個冒險的例子是你的油箱顯示快要全空時，你冒險，賭你不加油也能順利抵達目的地，就算你是個年輕女性，是夜半在人生地不熟的地方開車，而且手機的電不是滿格。相反地，作選擇是說：「好，我需要加點油。我還得開多遠？」

作選擇的時候，我們會檢視可能的結果，冒險的時候，你就是冒險，完全不知道會發生什麼事。我常告訴我女兒：「我不是想讓你們害怕什麼，我只是想要讓你們對你們所作的選擇負責，而非冒險。我希望能為你們鋪一張安全網，不怕從高空鋼索掉下來。」

現在讓我們探討責任的細節。第一點：不論白天或夜晚，你可以掌控自己要在大半空閒時間做什麼，這就是主動掌控時鐘。時間一直在走，從不逗留，它當下就把自己花掉了。你可以浪費時間，但你存不了時間，你不能把時間挪到另一天用。科學家也無法創造更多分秒，我們每星期都有一百六十八個小時可以花，但片刻也存不下來。

昔日世界最有權力的女性，英國女王伊莉莎白一世[50]，癆病臨終前曾在醫生耳邊細訴：「我願用整個王國換取多一刻生命。」在那一刻，她願意付出一切交換更多時間。

我們沒有辦法創造更多時間，但你可以掌控你要在你擁有的空閒時間做什麼。我們比想像中更能掌控時鐘，我看看我的人生，說：「哇，我大半人生都花在來來去去、穿衣打扮、通勤、吃東西、作心理準備、工作、賺錢、讓桌上有食物上面了，突然間，從高中到資深公民這數十年，一眨眼就過了。我這些書到底是什麼時間寫的啊？」

晚上。多數人在晚上會做些什麼呢？我人生第一個二十五年做的是：看電視，看情境喜劇和遊戲節目。但晚上和週末是我唯一擁有屬於自己的時間，其他時間我都是替別人工作來為我的家人賺取收入。

這就是為什麼我說，活在黃金時段裡：晚上六點到十一點。你有那段美好時光，你可以選擇自己要在那時候做什麼。你觀賞別人賺錢，觀賞他們開心地從事自己的事業；你觀賞別人做他們愛做的事。他們賺很多錢，且賺得開心，我們為什麼寧可當觀眾也不願自己參賽呢？

快三十歲的時候，我開始了解我一直在浪費我唯一的自由時光，蹉跎掉，只為脫離日常生活的單調。

我寫了十六本書，另合著四本，都是在晚上六點到十一點之間和星期六寫的（星期天是家庭日和禮拜及休息時間）。星期六，我不打高爾夫或網球，改讀一本書。我還有什麼時間能做呢？你還能怎麼取得一段時間可以坐下來做你真正喜歡的事、真正精進你的人生呢？

所以我說，活在黃金時段裡，別看那麼多電視。沒錯，我會聽優美的音樂；我會看新聞汲取資訊，我會收看國家地理頻道、大自然的紀錄片，以及

50 編註：Elizabeth I，一五三三～一六〇三，都鐸王朝第五位也是最後一位君主，她終生未婚，有「童貞女王」與「榮光女王」之稱。

其他展現世界奇景的好節目，但我絕對不會再坐在那裡，盯著別人做著他們愛做的事的畫面。陪你的孩子玩也好過看別人玩，親自參與遊戲好過觀賞遊戲，這對我非常重要，對於每一個堂堂邁入八十大關、回頭看自己怎麼度過生命黃金時期的人，也一樣重要。

第二個重點是，請記得你可以控制你的想法和想像。每一項發明一開始都是一個想法，那要在內化之後才會成形，想像加上內化等於實現。

這就是身為人類的美妙之處，人會看著鏡子說：「我是老虎，我是獅子，我是成功的人，我是作家。」動物擁有強烈的本能讓牠們得以生存和生長，然而牠們只會繁衍和做牠們一直在做的事。

憑著概念式思考，我們可以脫離現狀，變成我們想變成的樣子。無論人類想變成什麼，都可以創造出來，這就是我們最令人讚嘆的能力。

第三點是你可以控制自己跟誰在一起。你可以控制要跟誰共度閒暇時光，相當程度也可以控制要跟誰交往；你可以控制你要接觸的人。但你未必能控制要跟誰並肩工作，結婚成家後當然也無法控制家人在不在身邊，他們當然在，但你得學習包容他們的缺點。你得學會忽視他們的毛病和瑕疵，因為你們是一起往同一個方向看的。

你無法掌控每一個走進你生命的人，但你可以掌控你想要誰進入你的核心圈子；你可以掌控 Facebook 有哪些朋友；你可以掌控要寄 email 給誰。

你也可以選擇要找誰當榜樣，我會找還健在的、也會找已不在人世的，我有幾位最偉大的榜樣已經過世，但我效法他們，可以做一些他們做過的事，因為他們有些人的教養過程與我類似。

很多人問我：「你會怎麼處理那些時時抱持負面思想的人？」我說，你必須找個正向的人共進午餐、晚餐，或一起做用餐後的事。如果你身邊環繞著悲觀的人，你必須為你的樂觀找出口，或換去一個新環境。或許無此可能，所以你必須選擇會啟發或鼓勵你的聯絡人，而非讓你洩氣、消沉的人，找樂觀的朋友非常重要。

第四點是，你可以控制你的舌頭，你可以選擇保持沉默或開口說話，如果你要說話，你可以選擇你的用語和你的語氣。

我有太多次恨不得把話收回去，或沒有說出口！我們都被賦予兩隻眼睛、兩隻耳朵，卻只有一張嘴，因為聆聽是你所能擁有最棒的技能。我學到，如果你非說話不可，不妨問個問題，讓別人說話，最優秀的溝通者會問問題、引導對方說出真正的感受，而不只是回答是或不是。在今天盛行直接銷售、人人想突顯自己的世界，如果你能找出某人心之所向，以及你可以怎麼幫助他們達成，你就有終生顧客了。另外很重要的是，避免說出或做出讓他們覺得自卑、生氣或自己不重要的事情，來觸動他們的負面神經。

你可以透過看、聽、留意身體語言來掌控你的人際交流。請記得，在這個數位傳播的世界，你的言論永遠不會消除，一旦在推特貼文、傳簡訊或email，那就永遠存在網際空間，等著未來被人檢索——可能是支持你的，也可能是反對你的。

與人溝通時，務必確定你是在做一件對對方彌足珍貴的事，設法讓對方對你說：「很高興今天能跟你聊聊，我最喜歡跟你在一起時的我，因為你會引出最好的我。我真的很感謝你如此在意我，在做簡報之前問了我這些問題。」

第五點，你可以掌控你的目標，以及你付出時間心力的理念，這就叫「目的背後的目的」。

擁有理想是一回事，但以下是你必須在現實人生做的事。如果你有理念，請當解決方案的一部分，而不是大聲疾呼的那個人；讓你自己成為榜樣，讓你背在身上的標誌顯示你可以做為理念的例證，務必讓自己成為榜樣和好的教練。我認為理念是能幫助社會變得更好的目的，不只是抱怨正在發生的事。我可以了解人為什麼要抗議，因為他們似乎遭到遺忘，人生的遊戲確實看似對某些人有利而對其他人不利。但今天，我覺得，理念太常流於抗議的形式了，我們就像坐在看臺上的四分衛，說著誰應該做什麼、本來可以做什麼、或許可以做什麼。

今天我們有兩極化的政府制度：這群人憎恨那群人，圈內人憎恨圈外人，圈外人憎恨圈內人；國人動輒發牢騷，而非推廣有助益的理念。為了讓這個社會協同合作、欣欣向榮，而不只是生存下去，我想我們都需要強有力的正向理念，而非只有抱怨的負面理念。

第六點，你可以掌控你的承諾。承諾是告訴人們你要做什麼，隨後動手去作的決定，如果你忠於某個理念，你必須嚴以律己、持之以恆，不管成功的機會有多低，或即將身陷什麼樣的槍林彈雨。

你會發現你愈努力追求成功，就會有愈多人拉住你、把你留在他們所在的地方，因為人們不見得喜歡被別人超越。如果你脫離這個群體進入另一個群體，他們會緊張；看到你功成名就，他們會心生妒忌。我們傾向於批判憑努力出人頭地者，卻讚美運氣奇佳、贏得樂透或一夕成功的人；看到有人是因為努力和承諾獲得成功，我們會惶惶不安。

承諾很重要，因為那讓你得以告訴別人自己要做什麼。也許你需要找個夥伴來監督你，例如：找個答應陪你上健身房的人，或答應跟你一起上網學習知識的人，以及讓你信守諾言的人。

有時我們就是需要這個，就是需要支持團體來督促我們誠實，承諾不只是作個決定。決定口說無憑，承諾是有行動支持。

第七個重點是，你可以掌控你要擔心和關心的事，以及是否選擇對它們採取行動，你可以掌控自己要怎麼對艱困時刻和棘手人物作出回應。

這點在當今世界尤其重要，因為壞事傳千里，世界所有瑕疵都近在眼前，在你眼前，我們不必等一星期，甚至不必一小時或一分鐘就能看到世界發生的所有差錯。我們生活在一個美麗的世界，卻不這麼認為，因為不斷有人提醒我們：世界並不美麗。

重點是做好準備，我做最好的預期，做最壞的準備，也接受意外。我也接受沒那麼好也沒那麼壞的事，我了解每一天都會有一點點驚奇，一些些出乎預料的事。那可能是負面的，但只要能對事情發展的方式做最好的因應，事情就會有最好的結果。

關於責任，史蒂芬．柯維說得好：責任與能力是密不可分的兩個詞——你應對任何事情的能力。生命中發生的事，沒有你如何接受及理解來得重要，你沒辦法掌控會發生什麼事，但你可以掌控你的反應和你要關心什麼。

我最掛心的事情是如何保持健康、慈愛、尋找機會和對策，以及傾聽我可以做些什麼來讓自己和我接觸到的每一個人有更好的人生。愛因斯坦[51]說：

51 編註：Albert Einstein，一八七九～一九五五，美國籍猶太裔物理學家，創立了現代物理學的兩大支柱「相對論」及「量子力學」，也是質能等價公式（E＝mc2）的發現者。

「我們在世間的定位很奇怪。我們只在這裡待一會兒，不真的明白自己來這裡做什麼，卻知道只要我們能讓一個生命活得更輕鬆，只要能讓一件事更好，就可以在時間的沙地留下腳印。」

我認為我們該關心這些問題：有哪些機會？哪些對策？接下來可以怎麼讓事情更好？我們可以怎麼培養韌性？可以怎麼建立信心？可以怎麼在壓力下輕鬆自若？

思考這些問題真的可以讓你成為更好的榜樣和教練，因為我們通常會在情感上回應那些每天都要面對的事。我們有「戰－逃」的機制，那會試圖保住我們的小命，而當壞事降臨眼前，我們還有膝反射和恐慌。

掌控你該關心的事。你該關心的是你自己、你的家庭、社區、國家和環境的安康。這些才是該花最大心思的事，而非抱怨哪裡不對。別再抱怨了，開始訓練和獲益吧。

寧靜禱文

且讓我用神學家尼布爾[52]知名的寧靜禱文（serenity prayer）為這章做個總結：「上帝，請賜給我寧靜接受不可改變的事，賜給我勇氣改變可以改變的事，並賜給我智慧分辨兩者的差異。」我已經在世界各地舉辦過為期一整天的寧靜禱文工作坊——包括菲律賓、中國、臺灣、東歐、墨西哥、哥倫比亞。

我把這段禱文分成三個部分。

第一部分，我平靜地接受不可改變的事。什麼是不可改變的？就是截至此刻為止發生的一切。歷史是不可改變的，這我接受。我欣然接受已經發生的事，很多例子告訴我們，很難從不可改變的事情中找到好東西。

然而，接下來該怎麼做？我對歷史做何回應？對疫情做何回應？對財務困難做何回應？對失敗做何回應？我們可以怎麼將悲劇轉化為下一次更好的解決之道？我從這一次經驗學到什麼，該怎麼做更充分的準備？

52 編註：Reinhold Niebuhr，一八九二～一九七一，美國神學家，他將基督信仰和現代政治外交聯繫起來，現代「正義戰爭」思想做了很大貢獻。

平靜地接受不可改變之事，就是不要恐慌、不要指責、不要從後照鏡看你的人生；不要回頭聽從過去的指示，若不能從過去記取教訓，就注定重蹈覆轍。

這就是為什麼沒有哪個社會可以存續超過幾百年，那一開始很成功，後來不知怎麼地，當它臻於成熟，民眾便開始覺得自己是享有權利，而非被賦予權力。長者忘記把人生賜予他們的奮鬥傳遞給年輕人；不知怎麼地，我們忘了責任、紀律、自尊是在內心，而非基於外部事件；我們忘記怎麼幫助人們培養韌性。因為，讓我們面對現實，狄更斯[53]說得對——那是最壞的時代，也是最好的時代。我接受過去發生在我身上的事：我的童年；我負面、不斷抱怨的母親；離家的父親；離婚；我自己家庭的掙扎；我自個兒的毛病；自個兒的健康議題。我接受這些，也一直在處理這些。

我可以做的是改變可改變的，這就是寧靜禱文的第二部分：「賜給我勇氣改變可以改變的事。」這是什麼意思呢？

勇氣是做好準備，勇氣不是衝上山頭直搗機槍窩，來為國家冒生命危險；勇氣是學習如何拆彈——做好充分準備、知道必須剪掉哪幾條電線；勇氣是當一名稱職的消防員或警察，不惜奉獻生命。為可能發生的事情做好準備，就是英勇的表現。

太空人被射進外太空。然後他們必須進入登月小艇、登陸月球、把自己推回到環形的太空梭、回到地球——這個過程，生命每一刻都備受威脅。他們為什麼那麼勇敢？因為他們掌控且改變了他們可以掌控的事，也就是為幾乎每一個替代方案做好準備。

我也認為勇於改變我可以改變的事情還有一層意義：改變我對世事的反應。我可以改變我的回應；可以改變我的期望；可以決心成為樂觀分子。我可以決定看悲劇的光明面。我可以把危機化為中國人對這個詞的定義：乘危風而來的機會。我相信人生只有兩個選擇：接受我們發生的事，或是改變即將發生的事——改變已發生的事情的結果。我會告訴人們：「嘿，讓我們換個角度看這件事，我從這件事學到什麼教訓呢？」

我可以告訴你我從我的健康學到什麼教訓，我學會吃好一點、更注意心

53 譯註：指十九世紀英國作家狄更斯（Charles John Huffam Dickens，一八一二～一八七〇）。

臟、做更多運動、更樂觀、聞聞玫瑰花香、活在當下、一次過一天、不要一直心繫未來。我已經能夠改變可以改變的——改變可以改變的，就是我下一個想法和行動。

智慧來自明白我可以改變什麼、不能改變什麼，我不能改變已經發生的事，但可以改變我如何看待已經發生的事。我可以改變接下來的作為，這就是人類的責任與人類的選擇之美，這就是天天實踐寧靜禱文的最佳方式。

Chapter

6

贏家的渴望

變革是由報酬而非恐懼驅動

在我們的文化，眾人接受或詳盡闡述的大都是恐懼的動力，而非渴望的動力。

如果你的目標尚未達成但仍有生機，恐懼的動力會產生效用。如果你只是想活命，你可以生存在恐懼中；但如果你想要成功，渴望的動力最終能起更大的作用。

恐懼是以強制和抑制為基礎，恐懼告訴你必須做某件事：不去做，或沒做對，就會有可怕的後果。我們都聽過這些作戰理論：把頭壓低，不然會被擊中；別在街上奔跑，你會被撞；別碰烤盤，你會燙到。強制與此類似：如果你不做我叫你做的事，就會自食苦果。昔日宗教迫害的日子就用這招，權威當局用嚴刑拷打逼人民認罪。

恐懼非常實際，那會製造恐慌和高血壓，會分泌腎上腺素，會讓心跳加劇，讓你想要戰鬥、奔跑、保護自己，我們會指出吸毒或在街上亂跑的後果來防止人們傷害自己。恐懼是一種禁制因素，它是紅燈、是鐵鎚，這些工具可以阻止人犯下威脅性命的錯。

然而，在商業界，恐懼是最後的手段，所幸那沒有那麼常使用。我們比較不會說「解雇將持續到士氣提升為止」或「生產力沒有提高15%，我們就會關廠」之類的話，聽到那些話的員工會接收什麼樣的訊息呢？他們不會提高生產力，他們的腦海會被後果盤據，他們會承受更大的壓力，會更加懼怕，而更可能犯錯。

只有最糟的教練才會對花式溜冰選手講：「逼自己盡全力就對了，還有別摔跤。還記得嗎，你上次摔跤了，你也看到摔跤的後果了。反正，撐著點，別摔跤就對了。」那就好比告訴走鋼索的人：「今天風很大，下面沒網子，反正你別掉下來就對了。」走鋼索的人必須看著他／她的目的地，也就是另一邊的平臺，強調墜落的恐懼只會導致你不希望發生的事情發生。

當你看著你嚮往的結果，你會到達那裡；當你惦記著如果你沒有到達那裡，會發生什麼事，那件事很可能就會成真。恐懼可能變成目標，因為我們總會往主宰我們的思想前進。

我們在運用恐懼時要非常小心，雖然做為鐵鎚或紅燈的恐懼非常有效，這叫「操作制約」（operant conditioning），我們一直在動物身上使用。我們架設通電的圍籬，試圖穿越的狗狗會被狠電一番，我們創造了失敗的懲罰，以及逼對方留在界限內的強迫作用。

恐懼的動力可能保住我們的小命，可能促使我們留在界限裡，但非常不適合用來激勵員工和孩子，除非是在危險時保命。

把事情解釋清楚的正向風格比較好，例如，如果有人問：「你最近好不好？」你答：「我覺得一天比一天更好。」我會訴說我想前進的方向。如前文所述，網狀活化系統是大腦輸入的守護者，我們一直在尋找輸入來確認對我們重要的事，如果我們對某人說「反正不要摔倒就對了」、「不要生氣」、「別遲到」、「別耽擱」、「別喝太多」、「別著涼」，那會變為主宰他們的思想。每當我的孫子眉頭深鎖，我會說：「現在不准笑。」然後戴上小丑的鼻子。

他們說：「你戴那面具好蠢喔，害我好想笑。爺爺，別戴了，我現在想生氣、想發火。」

「我知道。」我說：「可是，找個笑點多笑一下，應該比一直為已經發生的事耿耿於懷來得好吧？」

主宰你的思想會構成你的心理和生物學上的基礎，而我們如何為我們的目標建構正向與負面的框架，是至關重要之事。

如果你需要減重，那是因為你過重——如果你說「我得減肥，我太胖了」的話。我記得曾上過一部會說話的 Sony 磅秤，那是搞笑的磅秤，因為它會說各種負面的話。我一踩上去，它就說「拜託你下去好嗎？」或「犀牛！犀牛！犀牛！」它讓我了解，我扭扭捏捏讓磅秤承受的體重，比我的理想體重來得重。

就算如此，這些仍是非常差勁的說法：「反正別這麼做就對了」、「別遲到」、「別跟我發脾氣」、「別頂嘴」、「不要哭」、「沒什麼好怕的」。別鬧了，對於感受到恐懼的人來說，恐懼永遠是真實的。告訴孩子「沒什麼好怕的，床底下沒有妖怪啦」，對孩子來說，那裡就是有啊。

你必須告訴人們他們想要的結果，但不要迴避他們不想要的結果。如果你著手去做一件事時不指望會有好結果，你必須尋找你的期望，而你的期望很可能會獲得確證。成功的人會看著他們要去的地方，而非他們不想去的地方，因為不幸地，恐懼正是會讓我們往反方向前進的目標。

業務員常被鼓勵進行電話行銷，我個人不喜歡電話行銷，因為我們傾向把顧客的拒絕視為對我們個人的否定。不妨這樣看待銷售被拒之事：準顧客拒絕你的提案是因為時機不恰當，他們不是拒絕你，他們是在這個時間點拒絕特定的提議。就好比我們供應某人一道特別的甜點，而那人對我們說：「噢，我不想要那道甜點，我現在不想吃甜點。我知道，你剛解釋過這非常特別，是你做過最棒的巧克力聖代，但我必須拒絕。」他們不是拒絕你，只是現在不想吃甜點，他們覺得自己不需要甜點，你做的簡報相當好，只可惜時機不對。

我們總是對電話行銷人員說：「我不是在對你說不要，而是在告訴你我還沒準備好說要。其實我想了解更多，我想明白何謂恰當的時機，哪個時間點對我更舒服。」那就是為什麼電話行銷儼然變成一種數字遊戲，那就是為什麼你必須持續對同一些人提出簡報，因為在未來，時機會不一樣。

有一個辦法可以克服對電話行銷的恐懼：記住，現在未必是適合每一個人的時機。他們不是在拒絕你，不是否定你這個人；他們是拒絕提案，因為現在時機不對。

約會也是如此，約會是非常難熬的事，因為我們傾向太過注意自己的不足和缺點。我們生活在膚淺的文化，你必須展現某個樣子，體重必須是某個數字；我們必須了解，對方，不管外表有多漂亮，也可能有不安全感；他們搞不好以為自己只是件漂亮的家具，說不定以為自己沒有足夠的智慧，說不定以為自己除了美，什麼優點也沒有。

我們有充分的理由相信，你該展現最好的自己，不要擔心被拒絕。對方可能是因為被你嚇到才拒絕你，他們可能認為你在某些方面比他們優秀。勇往直前，冒著被拒絕的風險吧，同樣地，他們拒絕你只是因為時機不對，或現在沒有那個心情。

要求加薪可能非常困難，因為老闆可能氣焰囂張地說：「你開什麼玩笑？你最近做了什麼值得加薪的事？」你得鼓起勇氣開這個口。但你也得不斷請求承擔更多責任、讓你自己更為人熟知、更善於團隊合作，並設法提升商業績效，這樣你就不會害怕走進去說：「我一直在想我和我家人的需求，也一直想找機會跟你聊聊。我已經承擔額外的責任，我們也以較精簡的人力完成更多任務。我相信我已交付更多成果，且將繼續如此，我真的希望自己對你有幫助。我想請你看一下我的薪資，因為我相信我的責任和成績已經證明，我值得比現在更好的待遇。」

你必須勇於開口，也必須勇於承擔更多責任。同樣地，他們可以說「不」；同樣地，你有選擇。今天的機會不勝枚舉，事實上，今天很少人在一家公司待到退休，因為技術日新月異，人們換工作的速度也遠比以前快。你可以做的一件事情是持續提升你的技術水準，持續學習更多能力和技能，這樣你就有信心自己值得更好的待遇了。

發表演說是最困難的，據說人最害怕的事情就是在大庭廣眾面前起身說話，那是因為我們都怕出糗或出醜。自尊所受最大的打擊是當著家人或朋友的面被嘲笑，特別在亞洲文化，第二失敗且讓家人抬不起頭的事情是當眾受人奚落，或辜負了家人對你的期望。

至於成績，為什麼要爭取好成績？常見的理由有三：一是提高競爭力，證明你比其他人優秀；二是確保你可以進入好的大學；第三，或許也是最重要的，是讓爸媽高興，幫你出教育費用。你努力拿 A 是因為你希望爸媽肯定你：這是種強迫作用，也是害怕遭到拒絕。拿 A 的更好理由，是做好更充分的準備、建立更廣大的知識基礎，以便從事你想要的志業。你可以靠內在而非外在因素激勵自己爭取好成績，你是受到何種動力刺激——是發自內心，抑或是來自外界的動力——非常重要。

外在動機與內在動機

這帶我們來到內在與外在動機的問題，如我所說，贏家主要著眼於內在動機。但我們的文化，主要受到智慧型手機和社群媒體驅使，似乎成了外在動機的訓練場，你必須決定要讓內在還是外在動機成為人生的驅動力。

人人都有外在動機，我們全都受到外面的力量驅使，全都受到刺激而想成為某個人，想要與眾不同、被接納、歸屬某個群體——這些全是自尊的要素，我們需要一些證據證明我們的表現合乎標準，好讓我們覺得自己很不錯。受這種動機驅使是人類天性，但這也是可怕的陷阱，因為我們發現其實我們是想取悅他人。我們是受到別人對我們的想法驅使，然後我們會發現其他人沒有我們想像中重要；我們是在取悅群眾，而非依據我們自己的價值體系和正向信念而活。

外在動機的報酬是外力，例如外界的影響、外表、人們的說法等等，而我相信這是社會步向膚淺而非靈魂深處、趨向無關緊要而非真正要緊之事的徵兆。看看那些走向衰敗的社會（羅馬帝國也好，鄂圖曼帝國、大英帝國也好，許多中國朝代也好），衰敗都是因為他們不斷企圖證明自己是最偉大、最優秀的，忘了是什麼引領他們走到那裡。真正重要的是建立和諧的社會，賦予彼此及年輕人力量，讓他們能夠緊緊抓住最初支持社會存在的價值觀。

動物似乎已經學會這點，這就是為什麼牠們有自己的生活圈。草食性動物會以特定的方式吃草，較小型的吃草叢最高的部分，較大型的吃草叢較低的部分和樹枝。這個生活圈能夠和諧一致，是因為所有成員通力合作，讓牠們的棲息地永遠存在下去。

基於這些理由，我認為我們需要趨向內在的動機，那就是我說「追求熱情，而非追求退休金」的原因。找出令你興奮的事物，努力鑽研；找出你的長才，徹底發揮。別再只會討好別人，可以協助他人達成他們的首要目標，但不要讓他人依照他們對成功的定義來評斷你。

我相信透過協同合作、齊心努力，透過試著昂然而立、抬頭挺胸（未必要脫穎而出），社會、家庭或個人就能最精采地實踐自己的天命。我們都需要具備文化智能，需要了解我們生活在一個充滿各種差異的世界，我們需要有別於眾，又需融入這個擁有不同文化的世界，每個人對事情的看法都略有不同的世界，你要融入，但也要忠於你自己的價值觀。

若一直聚焦在外在因素，我們會開始失去讓人之所以為人、讓社會永垂不朽的特質。在此浩瀚宇宙中，萬物都有自然遵循本身定位的方式。

六種動機類型

一組以唐諾．傑克森（Donald N. Jackson）為首的科學家團隊針對動機進行了一項經典研究，他們提出「專業身分」、「利欲」、「獨立取得的成就」、「同儕地位」、「競爭力」、「追求卓越」這六大類型，且讓我們一一道來。

首先是專業身分。人人都想被視為特別的人，擁有多一點知識、經驗、智慧的人，講話會有人聽的人，換句話說，自己的意見是重要的。成為人們洗耳恭聽的對象非常重要，我們都希望被視為某件事情的權威：雕刻木頭、繪畫、刺青、我們的運動，我們的工作。我們想要精通我們在做的事，因為那會讓他人以我們為傲，這是 種外在的報酬，因為他人覺得我們不錯，我們也對自己感覺良好。

第二類動機是利欲。我一度以為我們的社會已逐漸擺脫蒙昧（不再認為錢有那麼重要），但我卻注意到，今天，金錢這種動力遠比以往更強大。我們似乎希望人們注意到我們住的房子，注意到它有多大，我們想把它放在其他人看得到的地方，也想要帶他們參觀參觀，向他們展示我們引以為傲的貴重物品：BMW、Benz、Escada、Chanel、Coach、昂貴的小裝飾品……我們似乎被那些外界的事物，而非我們的信念或知識定義。

今天，獲取物質以便向他人展現我們已經走了多遠，儼然成為一股遠比過去強勁的趨勢。我曾以為那已趨緩，曾以為我們正轉變成受情緒商數和正念啟蒙的文化，但現在的趨勢似乎是獲得更多、擁有更多、走在流行尖端、成為名人、外表光鮮、衣著入時。如果你沒有最新型的5G智慧型手機，你就落伍了；如果你不在擁有最多的那群人裡面，那你就是還在爬，就是還沒到頂峰。但身分無法決定成就，沒有人曾「到達」成功，他們只是成功地活著。

明天，世上最有錢的人可能會碰到健康問題，或遇上意想不到的悲劇。

獲得物質不會讓你變得比較成功，那只是給你受人仰望的外表，那是非常表面的東西，且如你在人生後來所發現，更是個陷阱。在你年輕及中年時非常重要的東西，不是拿到跳蚤市場去賣，就是轉給親戚，讓他們以後來的美金一毛錢出售。

長期而言，物質真的一點也不重要，因為你無法把它們帶進未來，你只是你財產的看守人而不是所有權人，你只是在你活著時保管它們。

法老王建金字塔是為了能葬在裡面，得到永生，他們要所有貴重物品，包括奴隸、貓狗一起陪葬。結果他們淪為笑柄，因為沒有物質能永遠不滅，世上只有你給予其他人的精神連結和愛，能帶給你你一直在追求的不朽。

第三類是獨立取得的成就。透過獨立思想、獨立行動取得成就，是能驅動每一個人類的內在動機。別告訴我「你該怎麼做」；別告訴我「我們得行動了」；別告訴我「我被開除了」；別告訴我「我得做這個」……別再掌控我的人生，我想做自己，明白嗎？我想要能夠思考我想思考的，做我想做的，選擇我選擇的；我希望能獨立行動，自己對自己人生產生效應；我想當勝利者，不想當受害者；我想透過擁有選擇自由，來在我的人生摘下勝利的果實；我想讓獨立思考和獨立行動帶我前往我想去的地方，因為我已厭倦一天到晚被告知該做這個、做那個了。

第四類是同儕間的地位。同樣地，我們都希望歸屬某個團體，我們不想當棄兒，我們可以想像最糟的事，莫過於不被接納。如果你是高中四年級學生轉到一所新學校，那真的很難被接納，因為群體已經建立，並已有了他們的圈子。

我們尋求同儕的接納，希望在同儕間建立地位，希望他們接受我們、喜歡我們，這就是我們加入幫派的原因：我們得到歸屬感，就算那可能是錯的。加入幫派不會改善我們的生活，但與接納我們的人在一起，我們的感覺會比較好。

第五類是競爭力。大受歡迎的電視節目《創智贏家》就是一例（準企業家爭奪成功商人的新創資金），這種動機是外在的，因為參賽者想要為他們的產品或服務取得資金。

他們提出他們的專案，希望獲得評審小組的青睞。

競爭與奪得第一有關，但那就是《創智贏家》的精神，有些參賽者沒拿到半毛錢，有些拿到一大筆錢。

競爭意味你在騎旋轉木馬的時候會想抓金環，我們以前坐旋轉木馬時，能抓到金環很重要，因為你會聽到擴音器說：「抓到金環的人可免費搭乘。」[54]我們始終以為我們需要和其他一起玩的孩子競爭。

換句話說，競爭能驅動社會，我們常說適者生存，但其實是智者生存。如果競爭意味依照卓越標準競爭，如果你是想要讓產品品質和價格有競爭力，那競爭是好事。然而，若競爭意味不惜代價證明你比其他人重要，若第一名對你無比重要、你不可能接受第二名，那競爭可能反而對你不利。

我要再次舉奧運為例，我們該在我們投入極大心力的運動項目努力做到最好，但如果我們已經盡力，或已經創下個人最佳紀錄，就該心滿意足，不必非得以打敗別人證明自己高人一等為目標，因為重點不在比別人好，而是展現最好的自己。

競爭在某些情境有用，例如銷售競賽——優勝者可獲免費旅遊，其他人則沒有。我知道一家公司會給排行前十名的業務員獎勵，但如果你在倒數五名，就得和一頭大豬拍照，並當選「本月之豬」。你得拍一張如此丟臉的照片，你怕當選「本月之豬」，於是你有了當選「本月之星」的動力，不過遠比這更好的是：爭取你自己畢生一直想要的事物。

最後的第六類，則是追求卓越。

這是最重要的動機，也就是做我覺得值得做的事情油然而生的振奮心情，追求卓越是內發、固有、情感、熱情驅動的價值體系，那驅使人在不必博得群眾注意或奉承之下追求成功。世上有些最優秀的人物從來沒被媒體報導過，他們從來沒上過電視，從來沒有贏過肯德基賽馬，從來沒有得過奧運獎牌，也從來沒有因為活出不凡的人生而獲得其他人注意。

我祖母就是個好例子，她喜歡種漂亮的英國玫瑰，有一座玫瑰園，園中的玫瑰花香醉人。她好愛那些玫瑰，把玫瑰當小小孩一般照顧，幾乎無微不至。她是卓越驅動的玫瑰種植者，但她從來沒有帶玫瑰參加過競賽，一次也

54 編註：約在五、六〇年代以前，玩旋轉木馬時流行玩抓金環的遊戲，如果你伸手抓到金環，不僅能獲得一次免費搭乘的機會，你的名字還會通過擴音機宣布，其他孩子和父母全都會為你鼓掌，所以每個孩子都會熱切希望自己是金環得主。

沒有，她擁有那麼美的玫瑰，卻從來沒有贏過緞帶。

假設你喜歡彈鋼琴，而且覺得把琴彈好非常重要，因為你喜歡彈鋼琴，你培養出一股追求卓越的衝動。一首困難的曲子你練了很久，最後終於會彈，某天你演繹得優美動人，可惜只有一個聽眾。只有你，你對自己的信心，還有你的造物主——祂俯視你，認同你熱烈追求你已然展現的卓越。

許多活得非常成功的人，從來沒有被人注意，卻改變了許多生命。小艾里亞斯．豪（Elias Howe Jr.）發明縫紉機時，人們說：「如果不再用手縫紉，那些時間要怎麼打發？」於是他淪為乞丐，他的發明始終沒有為他帶來金錢或名聲，歷史上很多事物也是如此。許多最偉大的藝術大師都是為了創作時的愉悅而創作，他們沒有得過獎，也從未獲得金錢或評論家的肯定，法國一位知名評論家這麼告訴林布蘭[55]：「你畫畫顯然只是為了自己開心。」他回答：「是啊，當它不再令我開心，我就不會再畫了。」

我認為正是追求卓越的內在動機，能驅使很多孩子在學校表現良好，他們表現良好不只是為了拿到好成績、拿到文憑、進最好的學校，或讓爸媽高興，他們學習是因為他們熱愛學習，想把自己正在做的事做得更好。

那些成就偉大事業之人之所以做那些事，是因為他們受到內心某種力量驅動。我敢跟你保證，比爾．蓋茲大一開始撰寫解決交通流量的軟體方案時，絕對沒想過要成為世界最富有的人；當史蒂芬．史匹柏偷偷溜進電影播映室，拿著他的小攝影機，假裝自己是製作人和導演，他沒有想到自己會成為史上最傑出的製作人，且因此致富，他這麼做只是出於一股內在的熱情。

就我知道的成功人士而言，我認為這股追求卓越的內在動力，是成就他們的首要動機。他們很多人都賺了很多錢，但並不是為了賺錢才進行他們的事業，賺錢是副產品。他們所做的事情是那麼好、那麼切合需要、那麼受人嚮往，因此他們獲得豐厚的報酬，但那不是他們的初衷。他們的初衷是追求卓越，並且靠自己獨立自主的行動實現抱負。

雖然我們會受到上述所有因素驅使，但在我看來，內在動機最為重要。內在動機也可望傳遞給你的孩子，如果你要活出你的人生，何不就你熱愛之事，成為你所能成為的佼佼者——就只因為那感覺真好？

55 譯註：Rembrandt Harmenszoon van Rijn，一六〇六～一六六九，十七世紀荷蘭繪畫黃金時期的主要畫家，也是歐洲巴洛克繪畫藝術的代表人物。

既然我們會心向我們最常想到的事，也就是主宰我們的思想，且讓我們投入更多心念於嚮往的成果，而非失敗的後果。讓我們成為我們渴望成為的人，而非試著不要成為我們不想成為的人，那包括我們的健康、外表和表現的方式，讓我們聚焦在我們想前往的方向。

請將失敗的後果拋在腦後，失敗是一件事情，而非我們的狀態。最近我在中國開了門課，一位年輕女性站起來說：「沒錯，當然是這樣，但看看你。你這麼成功，這麼富有，十全十美，你做事那麼厲害。反觀我。」

我說：「反觀妳：妳這麼漂亮，妳才二十幾歲，妳穿著打扮優雅，妳怎麼了嗎？」

「我前夫跟我離婚，因為我生了女孩，不是男孩，而現在我跟我媽一起住，她不喜歡我跟她一起住，我也不喜歡當單親媽媽。我過得一團糟，因為我是失敗者。」

「妳還在走離婚程序嗎？」我問。

她說：「走完了，是兩年前的事了。」

「離婚是一件事，不代表妳這個人。」我說：「失敗是一件事，不是妳要一直扛著走的包袱。那發生了，妳從中記取教訓了，就該向前走。如果妳一直躺在失敗裡面，那些會變成糞土，但如果妳把失敗當成肥料，妳會長成一個翠綠的人。」我問她：「假如我告訴妳，我也曾有過失敗的婚姻，妳會怎麼想？」

「我才不相信，」她說：「你為什麼離婚？」

「因為我犯了錯，我沒有忠於我的信仰體系，我選了不同的路走。我的盔甲出現裂縫，我是有瑕疵的人。我失敗了，我常常失敗，但我不是失敗者，因為失敗只是一件事。請把失敗視為一種學習經驗，一種暫時的不便，一種必要的目標修正。一次失敗不代表妳這個人失敗，那只是一件發生過的事，除非那持續發生在妳身上，就把它留在它該在的地方——留在過去吧。」

另一個重點：請忘記完美。我把《致勝心理學》的稿子放在抽屜足足兩年，才交給出版社，妳知道這是為什麼嗎？因為我認為我不夠好，不值得出版，但稿子不斷問我：「我為什麼要待在這個抽屜裡？」

「因為你不夠好。」

然後稿子說：「噢，不，丹尼斯。我就是我，我就是你寫的東西。我是稿子，你才是作家。你不配當個作家，因為你寫的書不夠完美，不值得出版。」

多數人一輩子不會寫書，因為那不夠完美，但一本書不是一幅畢卡索[56]，一本書是一幢屋子裡的一個房間，而你要幫它上油漆。你刷啊刷，塗啊塗，盡量避免塗到天花板或燈具，盡你所能地刷。人生不是一幅畢卡索，而是不斷的嘗試和犯錯，你寫了另一本書，可能不比第一本好，但別等待完美。只有聖徒完美無瑕，而我們不是聖徒，我們注定是有瑕疵的人，注定是不完美、會改變、會成長的人。

完美是「拖延」的完美藏身處。

拖延既害怕失敗，也害怕成功，我們會拖延是因為我們覺得自己還沒準備好，或還不夠完美、還沒變成我們想成為的那個人。但我們該勇往直前，做就對了，這就是為什麼有人說：「響亮活出生命，勇往直前，冒著被嘲笑的風險。」贏家願意暫時當他人眼中的笨蛋，做他們目前不擅長的事，也沒有哪個奧運金牌沒當過初學者。剛開始嘗試某件新事物時，一定做得笨手笨腳，多數人因為沒辦法做到盡善盡美而放棄，但每一位奧運選手都沒有放棄。他們繼續做他們做得不錯的事情，找教練，找榜樣；他們練習，他們犯錯；

他們不會失敗就躺平；他們會從失敗中重新站起，然後問教練可以怎麼做下一次才會變得更好。

別當完美主義者，因為那是拖延的完美藏身處，完美會讓你住進「未來之島」（Someday Isle）[57]，未來之島在未來安全無虞。但你永遠抵達不了，因為你永遠不會準備好，永遠沒有好到可以住在那座名叫「有朝一日」，一切盡善盡美的奇幻之島。

56 編註：Pablo Ruiz Picasso，一八八一～一九七三，西班牙著名的藝術家、畫家、雕塑家，和喬治・布拉克（Georges Braque）同為「立體主義」的創始者，是二十世紀現代藝術的主要代表人物之一。

57 編註：我們一直在做計畫，總想著有那麼一天，我們會成就一番偉大的事業。我們把自己的目標和夢想都寄託在一個虛幻的海島上，丹尼斯・魏特利在《致勝心理學》一書中把它稱為「未來之島」。

Chapter

7

致勝的心理，致勝的身體

信仰與樂觀的力量

我曾跟著早川一會[58]教授學習，他鑽研「自我應驗預言」[59]的概念，說不定也是提出這個概念的人，這種預言的敘述未必是真也未必是假，卻會忠於相信它的人。命運會自我應驗，而期望很重要，因為期望會刺激行動，也會在我們的大腦創造生物化學作用助它實現。我一直相信我們要小心許願，小心談論的話題或專注的焦點：那很可能會發生，因為你的大腦會認為那對你很重要。

請記住這句話：「千萬別想紅色法拉利，紅色法拉利是你不想去想的東西。」那就像努力擺脫在你腦海播放的歌曲。我們都有這種經驗：我們愈去想自己不想聽到那首歌，那首歌就會重播愈多次，同樣地，我們會變成我們花最多時間惦念的東西，不管正面或負面。

我們很難改變信仰體系，世上最困難的一件事就是改變人們的信念，特別是與政治、宗教、家庭和自我認同有關的信念。人們會說：「我就是這樣，

58 編註：S. I. Hayakawa，一九〇六～一九九二，加拿大出生的日裔美國語言學家，曾任舊金山州立大學校長。

59 編註：self-fulfilling prophecy，指的是我們每一個人對於內心的看法，決定了我們對於外在事物的態度，於是影響了行為，導致與內心看法一致的結果。

我生來就是這樣，也命中注定是這樣。」或者，「我信這種宗教，我相信這是唯一的途徑。」一旦我們相信我們的途徑是唯一的路徑，相信自己是唯一擁有真實信仰的人，別人的信仰都是不真實的，我們會惹上麻煩——這就叫「盲信」，也就是對某件事物深信不疑，對所有可能與之牴觸或矛盾的事物都充耳不聞。如此一來，你只會聽到你想聽的，你不會聽到另一邊的聲音，這在政治方面尤其常見，因為一旦你決定挺哪一邊，你就只會聽支持那一邊的聲音了。

醫藥界有所謂「安慰劑效應」（placebo effect），這大大證實了信仰的力量，以及為什麼保持樂觀、想著健康不要想著生病，是如此重要的事。安慰劑效應來自拉丁文「placebo」一字，原意為「我會讓人滿意」、「我會令你滿意，如果你想到我，我會給你滿意的結果」。科學家確實會用安慰劑做盲法試驗，因為安慰劑本身不具活性，不會造成傷害，也沒什麼好處，所以非常適合用來測試藥物的效力。我們給受測者安慰劑時，他們不知道自己拿到的是安慰劑，他們以為自己拿到的是真的東西，認為自己服用對他們有幫助的藥物，而這種信念會分泌他們治療所需的化學物質。安慰劑之所以如此重要，是因為我們必須把這種不可思議的心靈力量和藥物的確實效用區分開來。

曾有人說安慰劑效應是正向思考或祈禱的力量，但事實證明安慰劑是如此強大，使我們必須將之納入嚴肅的醫學研究，哈佛醫學院甚至開了研究安慰劑的課程。

《星期六評論》（*Saturday Review*）雜誌主編諾曼．卡森斯（Norman Cousins）寫了本出色的書名叫《笑退病魔》（*Anatomy of an Illness as Perceived by the Patient*），說他生了場非常嚴重的病，但他繼續看卡通和好笑的電影，開懷大笑真的讓他恢復健康，因為那會促使大腦分泌名為腦內啡的鎮靜劑和腎上腺素，一種對我們有幫助的化學物質。

大腦很神奇，當你碰觸它，它一點感覺也沒有，所以如果要進行大腦手術，你會用一條非常細的細絲。你可以戳一戳大腦而不致構成傷害，但你會產生視覺和情緒反應、嗅覺和味覺。

當你觸碰大腦某個部位，受試者會聞到烤麵包的味道，觸碰大腦另一個部位，受試者會回憶起以前發生過的某件事，腦海浮現當時的畫面。大腦會把所有經驗當成事實儲存下來，然後分泌化學物質來支持那個主宰你的思想。

安慰劑效應強大到有一種新的膝關節手術叫「安慰劑手術」，一般會接受膝蓋關節鏡手術的病人，你假裝幫他進行手術，但其實只是在皮膚製造一個小切口，讓器具叮噹響，彷彿真的進行手術，然後把膝蓋縫合好。在一場病患不知道自己到底是動真正膝蓋手術或安慰劑手術的試驗中，只進行安慰劑手術的病人，病況好轉率幾乎一樣高，他們的醫師甚至對他們說：「雖然我們不應該知道，但我已經得知你進行的是真正的手術而不是安慰劑手術。」病患說：「噢，太棒了！你的意思是我是真的修好了！」他們得到醫師再一次正面的強化。

我們相信必將發生的事情是如此強大，強大到可能為你效勞，也可能對你不利。人們會這樣預言「我有預感我會被開除」、「我感覺這會讓我不舒服」，而我們這麼說是有理由的，因為大腦正開始通知你事情不大對勁，這種感覺強大到有病人真的被自己的信仰體系嚇到沒命。

這裡有個真實的故事：有個男人意外被鎖在一個空貨櫃車過夜，車子通風不錯，當時是春天，所以溫度只會降到攝氏二十度左右，但他相信自己在冷凍貨櫃裡，以為自己會凍死。他開始擔心，開始恐慌，反覆說著：「愈來愈冷了，呼吸愈來愈困難了，沒有人會來救我，我快沒命了。」他開始發抖，渾身打顫，身體呼應他的信念。隔天他被人發現時，醫生說他應該是凍死的，他讓身體遵從那個主宰他的思想，而那負面至極。

當算命師告訴你：「你手相的生命線很短。」這句話非常危險。還有一句話也很危險：「你知道，你長大會跟你爸一樣，而別忘了他有多沉迷女色，多愛喝酒，菸抽多兇。」

如果你開始投射負面的安慰劑效應，那將成為自我應驗的預言，因為大腦會一直試著取悅你，就算那帶給你的是你擔心的結果。你上演了你不想要的事情，這就是為什麼你必須格外小心你對自己說話，以及和別人討論健康的方式。

醫學已一再證實，一九七〇年代我在寫第一版《致勝心理學》的時候親眼目睹或憑直覺臆測的事，針對大腦荷爾蒙的研究已支持並提出了身心強烈連結的概念。例如，我們會在大腦創造名為「腦內啡」的天然物質，而腦內啡的意思就是「腦內的嗎啡」，如果你在生命裡作了正向的選擇（你運動、聽音樂、做正面的思考）大腦就會分泌腦內啡，而那比嗎啡還要厲害。沙克研究所在長智齒鬧牙疼的病患和分娩中的女性身上注射腦內啡，舒緩疼痛的效果跟嗎啡一樣好。

這裡研究人員也運用安慰劑效應：他們在一些病患身上注射腦內啡，其他病患則注射安慰劑，後者也相信自己打了止痛藥。在這些例子中，病患會自己分泌腦內啡，所以你既有體外的藥局，也有體內的藥局，不過請記得，「天然嗨」（natural highs）唯一的副作用是愉快。

樂觀是人生所有面向中最有助益的特質，不只裨益我們的身心，也造福我們的個人實現與我們獲致的成果。很多人嘲笑樂觀是天真爛漫，但我會說那正是世界最想要也最需要的，畢竟，每一位領導人都會告訴追隨者他們可望成功。領導人會把心念集中在最後的勝利、贏得戰爭、獲得獎賞、度過艱難的時刻；激勵人心的領導人不只能獲致更好的成果，也會得到堅貞的追隨者。樂觀是生物的必要條件，因遵人必須相信他們能繼續活下去，而你得把生命、健康、存活、保住生命視為首要之務，這就是為什麼未來會屬於樂觀的人。

這個事實為有勇氣且準備就緒的領導人提供了向前邁進、讓事情發生的機會，而不是放棄。戰爭會落敗，都是因為認定我們贏不了；情勢對我們極度不利，我們毫無獲勝的可能。

人們會簇擁在贏家的更衣室外，他們會先採訪贏家，然後扭扭捏捏、語帶同情地採訪失敗者，喪氣的失敗者會直愣愣盯著前方說：「他們打得比我們好」、「他們比較好」或「我們今天表現不好」。當你感到悲觀，房裡會籠罩低氣壓，但贏家四周就洋溢著樂觀的激動，樂觀的人永遠會設法用想像力解決問題，而非用負面的預感創造更多壞東西。

人們常說，如果你不小心，事情就會照它過去的模式發展，而那將走向失敗，而非勝利。我執教過的一支美式足球隊就遇過這種事，媒體說那支球隊的進攻打得像防守，而防守根本不存在，他們預測那支球隊會大比分落敗。

我反對這種看法，於是在賽前走進更衣室說：「等一下，你們今天不是跟州冠軍交手，你們的對手已經輸了四場球，所以讓我們務必把比賽贏下來。」我跟他們說他們會贏十二分，他們把我的激勵性談話當成自我應驗的預言，結果達陣兩次，兩次加踢也都進球，並以十四比〇領先到最後一節。無巧不巧，比賽最後一球，我們的四分衛帶著球跑來跑去，在我方達陣區被擒殺，丟掉「安全分」（Safety）[60]，最後的比數是十四比二。

我們的球隊實現當天的預言，但隔週他們出戰州冠軍，吃下敗仗。他們說：「丹尼斯，樂觀失效了。」我說：「是啊，如果你只是帶著它進行一場比賽，它頂多有效一次。但如果你讓它成為每天的生活方式，那會在你身上、在你心裡生根成長，你會變成解決取向的人，而非問題取向的人。」

有一種東西叫「習得的無助」（learned helplessness），就像習得的樂觀，這是一種經過一段時間的學習而養成習慣的行為。我們都會陷進習得的行為，不論好壞，賀伯特・班森（Herbert Benson）的《身心效應》（*The Mind/Body Effect*）值得一讀，這是探討心身關係的經典；還有一本好書是社會學研究員馬汀・塞利格曼（Martin Seligman）的《學習樂觀・樂觀學習》（*Learned Optimism*），兩本書都很棒，都探討了這種現象的正面和負面效應。

我朋友的鬥牛犬有一段遭遇，最能描述習得的無助。史派克是頭很棒的鬥牛犬，但牠會在你身上流口水和爬來爬去，每當有客人來，總會弄得他們一身狼狽。

史派克非常強壯且很有主見，而牠討厭洗澡，所以牠的主人得換上泳衣、帶史派克到後院、拴在一條金屬桿子上，史派克是用鏈條繫在桿子上，不論牠多努力想把它拖走，都徒勞無功。最後牠屈服了，嗚咽幾聲，乖乖洗澡（雖然主人會搞得跟史派克一樣全身濕淋淋、沾滿肥皂）。

沒多久，史派克相信不管牠被拴在任何東西上面，都無法逃脫，因為在牠眼中，每一樣東西都跟那根桿子一樣。主人帶牠進屋裡，把牠的皮帶繫在一張小椅子的椅腳。來訪的客人會說：「噢，糟了，史派克在那裡，牠要過來了。」但史派克不會過去，因為牠去不了，牠已經學會無助了，牠已經學會牠不可能掙脫綁住牠的鏈條。牠多次嘗試，一再失敗，於是接受被拴住的支配關係，就算那只是張椅子，牠可以輕易拉著在房裡到處跑。

在我一生中，我好多次看到一點點困難變成辦不到的事，習得的無助變成通電的圍籬，如果你在實現目標的過程三番兩次感到痛苦，你就不會

60 編註：在美式足球場上，「Safety」有兩種意思，防守組裡的安全衛英文就叫 Safety，而這位置可以再分成自由安全衛 Free Safety（游衛 FS）和強側安全衛 Strong Safety（強衛 SS）。防守方在敵人的達陣區將持球者擒抱，球在進攻方的端區後方出界或者進攻組在己方端區內犯規就是所謂的安全分 Safety，防守隊得兩分而且進攻權將交給得分隊的進攻組，被得分的隊伍將在己方二十碼線上將球以棄踢的方式將球權交還給得了安全分的進攻組。

再試了。

它的相反，當然就是習得的樂觀，如果你原本不是樂觀人士，那也無妨。也許你的個性就是比較善於反省或壓抑，也許你生長在過分著重安全的家庭；也許你得到的是「窒息的愛」而不是真的愛，「窒息的愛」指你受到嚴密保護或嚴重溺愛，使你產生「心身支氣管」問題，因為你被過度保護壓得透不過氣了。這種「心身氣喘」的最佳療法就是「家長隔離法」，但就算我們自認天生不是「杯子半滿」型性格，樂觀仍是我們可以學習的態度。

舉個習得樂觀的例子，你可以去海洋世界看海豚。我不喜歡動物園，因為那些動物與服無期徒刑無異：牠們被關在沒有假釋機會的監獄，還要被我們訓練來表演，出洋相來取悅我們。就算如此，觀賞海豚如此精準地跳躍十二呎高，仍令人驚喜。

訓練師是用獎勵，而非痛苦或處罰。

訓練師先在池底放置一條繩索，海豚每次越過，訓練師就賞牠一尾鯖魚。然後訓練師把繩索加高三呎，接近池水的高度，每當海豚跳過去，就賞牠兩尾鯖魚。海豚說：「哇，我們跳這麼高就可以拿到雙份獎勵。」牠們終於變貪心了，牠們看到三條鯖魚，或許還有一條黃鰭鮪魚，於是說：「哇，如果表演這個把戲，我們可以拿到這個獎勵欸。」接下來，你拉了條高於池面十二呎的繩索，海豚輕鬆跳過這個幾乎不可能跨越的障礙來獲取獎勵，因為牠們已經被習得的樂觀制約了。

在動物訓練方面，獎勵不只有點心，現在大家都知道狗狗喜歡被撫摸、被輕拍，被告知牠是個好男孩。透過取悅主人、贏得主人的肯定，狗狗得到的獎勵比食物更多。

因此，如果你想要訓練某人成為頂尖的表演者，請獎勵他們的努力，不要嚴厲斥責、亂發脾氣。我曾與各種運動的傑出教練合作過，我想到我的好友，UCLA的約翰．伍登，或是一九七〇年代超級盃二連霸邁阿密海豚隊的唐．舒拉（Don Shula），我還想到先後執教過芝加哥公牛隊和洛杉磯湖人隊的菲爾．傑克森（Phil Jackson），當我想到所有我衷心崇拜的教練，我腦海浮現的是那些教導基本原則且透過樂觀領導的教練。

運用恐懼會傳達錯誤的訊息，你當然需要紀律，你當然有情緒，但在過去的東歐，在嚴格的共產政權底下，運動員表現不好是真的會被處罰的。他們表現好，國家會送他們房子，表現不好就會受罰。會被視為失敗者。

有些亞洲文化也是如此，如果你表現不好，你會被批評，會挨體罰（甚至可能被打耳光）。失敗就是可恥，就是丟臉，你唯有表現優異才會得到獎勵，這不是什麼令人開心的事，那會造成莫大的壓力，不會帶來樂觀或協同作用。除了在戰鬥或危險情況保命之外，這不是領導團隊的好方法，我會想在有生命危險時小心謹慎，但當我想要成功，我會想被渴望而非恐懼激勵。

駕馭正向的自我期望

讓我給你一些明確的正面構想，讓你可以在人生用來駕馭正向自我期望的力量，包括身體、心理、情緒、精神各方面。

第一：學會傾聽身體的聲音。你的身體是你所擁有最佳的回饋機制之一，你確實擁有直覺，每當有事情感覺或看來不對勁，你的身體就會從裡面帶給你反胃、不自在、緊張、盜汗等感覺。直覺通常很準確，不妨把身體視為信號。情緒低落的時候，請停止焦躁，展開行動吧，當你的身體開始感覺憂鬱，你或許需要一些外界的刺激來幫你掙脫問題。你需要振奮、歡快的音樂；你需要去外面看看大自然；你需要看看孩子嬉戲。你的身體是絕佳的回饋裝置，會告訴你為什麼現在會有這種感覺，以及有多需要更多靈感。

第二點：活在當下。如果你不小心，人生永遠都會有兩個壞日子：昨天和明天。一個壞日子是活在負面的過去，對於那天，你什麼也不能做。我們要不回昨天，所以我們乾著急，擔心我們做了或沒做的，該做、可以做而未做的；後悔本來可能或應該那樣的，要是我沒做就好了，要是我做了有多好，為什麼我沒做。

另一個可能對你糟糕透頂的日子是明天，因為明天還沒有度過。那尚未到來，雖然時間到了它一定回來，它不是晴天，就是雨天。但你控制不了明天，你只能掌控此時此刻，你只對這一刻有掌控權，逝者已矣，已成歷史。未來只是承諾，那不是已付支票，只有這一刻是現款。

真正的贏家活在當下，但不是為當下而活，他們並非尋覓一時的掌聲或片刻的好感覺。他們活在當下是因為這是他們活著的時刻，也是他們可以掌控的時刻，這就是為什麼最成功的人是全神貫注於手邊之事，而非一直計畫或一直反省的人。

第三：請抗拒永遠不會消失的憤怒和報復的誘惑。我沒有對任何人、任何事懷恨在心；我沒有想扯平或詛咒的人。今天我們這個國家如此極化，是多麼不幸啊！我們會祝他人多災多難來證明我們有多討厭他們，不會尋找他們良善的一面，我不是光指政治，而是指每一個你鄙視的人。

要伸張正義，成功是唯一積極的途徑，因為世上沒有報復這種東西，沒有扯平這種事情。哪怕你只投入片刻的情緒在扯平上，希望以牙還牙，以眼還眼，你就會浪費人生所有的精力。

不論你經歷過什麼，不論別人可能對你做過什麼、占過你多少便宜，最好的做法就是向前邁進，獲得成就。這說不定會讓他們停下來想想自己曾經對你做過什麼壞事，因為你前進了、成功了，就算他們有意阻撓，你仍成為你想成為的人。按照你自己的方式獲得成功，是唯一正當的報復。

別懷抱負面情緒，因為那是情緒與精力的最糟使用方式。報復、發怒、懷恨、尋仇，是最糟的生活之道，對於那些老是希望別人過得不好，以此為人生目的的人，我替他們覺得可憐。

第四，學習脫掉你的法官袍。你不是法官，也不是陪審團，你有你的見解，有你的信仰體系，有你自己的經驗，但不能從絕對真理的角度評斷他人。你有你的真理版本，有一些優秀的信念，也有一些沒那麼正確的信念，所以請不要評斷他人，留點空間給他們。

你不必相信其他人相信的，不必改變你的信仰體系、不必改信別的宗教、不必為了被接納而加入反對陣營，你只要留點空間給這個事實即可：別人相信的事情跟你不一樣。多點包容，就讓他們不一樣，且為他們的不同和多元經驗感到高興。別猜疑、別排斥，交個在你同溫層外的朋友，也交一些和你政治信仰不同的朋友。

我有好幾位朋友與我恰好站在光譜兩端，他們會反覆對我宣揚理念，因為他們以為找到一個只要他們苦口婆心或夸夸其談就會改變信念的人。我仔細聆聽，然後說：「你們絕對有權利這樣感受、這樣相信，我碰巧有不一樣的看法，而我知道你們都很感激這個事實：我有照我自己的方式思考的自由。」

我不必用負面的方式跟這些人辯論。我不必生氣，只要為別人的想法留點空間。每當我來到世界不同的文化，我都會騰出一些空間，不論他們看來有多不同、有多令人震驚，不論他們吃了什麼、怎麼吃、有何偏見、相信哪個數字不吉利，我都接受。

我們的文化不喜歡十三這個數字，有個名詞叫作「十三恐懼症」（triskaidekaphobia）[61]。我們基於我們的信仰體系，可能有各種恐懼症，其他每一種文化也是如此。中國人相信房屋要有特定座向，他們稱此為「風水」。中文數字「四」音近「死」，所以他們相信四不吉利；相反地，他們喜愛數字八。

留點空間給這些吧，你可能認為這是偏見，但那確實是種信仰體系，且他們相信跟你的體系一樣站得住腳。所以我傾聽，打開心胸，騰出空間；我試著理解，但我不會相信他們相信的。他們改變不了我，但我會考慮他們的觀點，如果他們的觀點真的聽起來比我自己的合理；如果他們是好的榜樣，他們以行動證明他們的人生值得效法，那我或許會一點一滴改變信仰，變得更像他們。

五：樂觀與務實攜手並進。直升機真的會飛嗎？照理不行。達文西[62]相信未來某個時候可能會出現直升機，但要到好幾百年後，伊戈爾・塞考斯基[63]才真的讓一架飛起來。

悲觀不會創造解決之道，那只著眼於事情為什麼辦不成，假使愛迪生[64]未曾在那麼多人嘗試失敗後發明電燈泡，世界會發生什麼事？要是沙克對小兒麻痺疫苗抱持悲觀而非樂觀，世界會變成什麼樣？要是他想：「我們不可能發展疫苗來克服小兒麻痺。」會發生什麼事？他以前常告訴我：「丹尼斯，一直找不出解決方案的確令人洩氣，但反過來說，我也劃掉了很多行不通的做法，我不必再試那些做法，可以繼續去試新的方法。」

61 編註：「triskaidekaphobia」可以拆解成「tris」（三）、「kai」（和）、「deka」（十）、「phobia」（恐懼症）。數秘學家，研究數字占卜的學者，認為十二是個完整的數目，像是十二生肖、十二星座或耶穌的十二門徒，數字十三就超越了其完整性，之後十三這個數字就慢慢有了不幸或是邪惡的迷思。

62 編註：Leonardo DaVinci，一四五二～一五一九，文藝復興時期人文主義的代表人物，與米開朗基羅（Michelangelo）、拉斐爾（Raffaello）並稱文藝復興三傑。

63 編註：Igor Sikorsky，一八八九～一九七二，現代直升機之父，他設計了世界上第一架四引擎飛機和第一種投入生產的直升機。

64 編註：Thomas Alva Edison，一八四七～一九三一，他一生中的發明超過兩千多種，為近代物理史上一位相當傑出的科學家，被譽為世界上最偉大的發明家。

失敗只是一種學習經驗，樂觀就是務實，因為對於我們看似要面對的每一個問題，自然的對策就在我們心裡，在宇宙之中。我們必須緊抓住這種務實，相信不管現在情況有多糟，答案就在某個地方，如果我們不相信這件事，就活不了那麼久了。

第六個建議是抗拒浪費時間讀／看別人悲劇細節的誘惑。

很多朋友曾經這樣批評我：「你就沒看《沉默的羔羊》（*Silence of the Lambs*）？就沒看《神鬼戰士》（*Gladiator*）？這些不都充斥暴力？」

「我會在裡面尋找一絲光明、一線希望，」我說，「某種程度是有，但只是沒有按照我想要的方式進行。」

我的確喜歡喜劇的收場，這就是我最喜歡《真善美》（*The Sound of Music*）還有《阿甘正傳》（*Forrest Gump*）的原因，我喜歡結局美好的電影，我不喜歡走出電影院時因為看了可怕的情節而對身為人類感到無奈。

我們為什麼會對人性最壞的一面如此神魂顛倒？

因為我們就像飛蛾，會受火焰吸引，我們看到事故會停下來，伸長脖子，在路上找屍首，希望看到又不希望看到。我們慶幸那些厄運不是降臨在自己身上。

我們崇拜名人，然後喜歡看到名人身敗名裂、離婚、遇到壞事，我們會說：「嘿，我們好愛他們，原來他們沒比我們好多少，他們也是人。」

我們愛讀英雄的試煉和悲劇，但我想要榜樣，我想要看到有人經歷過我正在經歷的，做得跟我一樣好，甚至更好；我想跟更高竿的高球選手一起打高爾夫，讓我學習如何精進球技。我不想跟比我差的人一起打、讓我覺得比別人厲害；我想要持續進步，所以我會看鼓舞、激勵人心的電視節目。

我會看國家地理野生頻道，我看探訪自然奇景的節目、史密森尼學會（Smithsonian Institute）[65]的節目和探索頻道（Discovery Channel）。我偶爾看娛樂節目，也看運動，我必須承認我看的東西都有一點點暴力性質，美式足球當然是如此。我不大看世界摔角娛樂公司的《星期五擊潰》（*Friday Night SmackDown*），不大看摔角或鐵籠格鬥，因為那會一再讓我想到羅馬帝國。

65 譯註：史密森尼學會為美國博物館及研究機構綜合組織，下轄十多座博物館及美術館、多所研究中心和美國國家動物園。

如果我們需要鬥劍士、需要觀看刺激我們五臟六腑、使我們害怕，讓我們不舒服的東西才能產生動力、點燃激情，如果唯有震驚才能刺激我們，那就太不幸了。而虛擬實境恐怕會火上加油，因為我們能夠進入充斥可憎事物的虛擬世界。如果我們不小心，那會成為我們的現實，因為我們很難脫離每天看到和注意到的事物。

第七個關鍵是在車上多聽鼓舞心情的音樂，或具教育性、啟發性的有聲教材。你的車子是一所行動大學，當然我不會建議你在車上冥想，也不會鼓勵任何可能導致「道路催眠狀態」的事。不過我擅長一心多用，我運動的時候會聽歡快的音樂或具教育性的素材；做家事、洗衣、洗車、散步時，可以戴耳機聽能啟發我、指導我、讓我更好的東西。這樣「一石二鳥」是度過人生的好方法，你不但有運動到，也能把這段時間當作正常運行而非停工期運用；我也會在機場和飛機上聽節目，只要我是在做不需要仔細思考的事，我就會聽點東西。

音樂療法已經應用在中風病患身上，假設你左半腦中風，沒辦法講話，那麼聽覺就會較偏向右腦，所以當你聽你喜歡的歌曲時，歌詞是真的會溢出的，而就算你沒辦法跟探視你的親戚說話，你仍能歌唱。

神經科學告訴我們，音樂和飲食及愛情並列為史上最能驅使我們的動力。搖滾樂讓我們想要歡呼、跳舞、跳上跳下；安靜的音樂讓我們想放鬆、冥想、慢下來和學習。你在柔美、緩慢的音樂中學習得最好，而歡快的音樂會振奮心情，音樂，特別是鼓舞人心的音樂，是悲觀和憂鬱的最佳解藥。

最後，第八項：熱切看待你的期望。有人會想：「丹尼斯，你一派天真。」我不是。我是海軍航空母艦的飛行員，我有好幾次千鈞一髮，也失去過好多位朋友，他們都是在從母艦彈射出去時喪命。我經歷過人生的高低潮，但我仍對我的期望充滿熱情，因此不需要外來物質。我不會喝得醉醺醺來讓心情亢奮，不必抽菸來讓感覺舒坦，我可能偶爾會在身體真的疼痛不堪時吃止痛藥，但我熱切看待我的期望。

有朋友說：「噢，我們知道你在服藥，所以你是服用腦內啡，對吧？你從哪裡弄到的？」

「那是從你的思想，是你聽音樂和跑步的時候獲得的，是你分泌多巴胺和腦內啡時獲得的。我是有服藥沒錯，但我是自己在我的腦袋裡製造腦內啡，不必服用。」

正向的期望只有一個副作用：愉快，負面期望的負面副作用可就多了。請務必對你的想法懷抱熱情，不要因為看到、聽到、想到或感覺到什麼就心灰意冷。

Chapter

8

贏家的虛擬世界

想像如何主宰未來

我曾經提到過，愛因斯坦相信，想像力比知識更重要，這在我們的數位世界中更是如此：無垠無涯的知識就存在我們的指尖。畢竟，每一件由人類創造的事物，一開始都是一個想法，為了創造新產品，我們得把它想像成一種可能性。誰想得到 5G 呢？誰想過可穿戴式裝置呢？誰想過我們的大腦甚至不必智慧型手機就能打開汽車或車庫的門？誰想過這些東西可以被創造出來？

有想像力的人想過，有知識的人會深陷他們已經知道的事情裡——而有些事情並不是真的。世界是圓的，但有很長一段時間「世界是平的」是基本常識，但隨著知識經由想像，經由抱持不同見解的人拓展，我們便開始創造和創新。

其實，數位世界就是想像力開始接管和創造事物的例子——我們從沒想過可能存在的事物。未來，人們會對我們說：「你說你們以前會去某個地方上課？也太好笑了吧，你是說你們去某棟建築物上課？」

「是啊，那叫作學校。那有圖書館和自助餐廳，你不了解當時的情況啦。」

「你說你們以前要開車？什麼鬼？你是說你們自己開？車子是氫動力、電池動力，還是太陽能動力？」

「不，我們用一種叫作石油的東西，是種化石燃料。」

「噢，饒了我吧，你是說你們以前燒煤炭？你們那時沒有全太陽能喔？」

「沒有，那時我們不知道怎麼讓它發揮效率。」

「噢～我的天啊，那到底是怎樣的恐龍時代啊！」

想像力會主宰世界，因為那包含尚未發現的一切，也讓我們相信，未來事情有可能更好。

常有人問我：如何定義創造力？對我來說，「創造力」跟「創新」有一點點不一樣。創新是拿已經存在的事物加以改良；創造力則是跳出既有框架，創造出先前不存在的東西，你完全憑自己的想像力創造出破天荒的東西。

在美國，我們非常有創造力，我們可能不像其他國家那麼有紀律、一板一眼或眾人所見略同，我們比較個人主義。我們不受控，但這也使我們相信，我們單憑個人就能創造出前所未有的事物，因為我們相信自己擁有力量。

有創造力的人跟我認識的許多最善於組織的人截然不同，某種程度也跟最專注的人不同。他們如此執迷於自己的想像，任其天馬行空；他們或許沒有整潔的桌面，東西沒照順序擺，在其他人眼中凌亂不堪，但他們的心智沒有明確的劃分。因此，他們相信凡事都有可能。

在很多方面，有創意的人很像小孩：「我長大了要當科學家、消防隊員，我要當地球的總統。」小時候，老師問的每一個問題你都會舉手回答，因為答對答錯都無所謂，你並不是想從老師或書本那兒得到正確的解答，能想到什麼就回答什麼，光這樣就令你興奮不已。

有創造力的人會讓創意盡情飛舞，他們不會力求完美，也不會找差不多的方案，他們是在找「要是……會怎麼樣？」的一種看待事物的全新方式。一方面，我看到有人用創意解決問題；另一方面，我看到有人創造出事物，只因為他們想要不一樣，想要讓他們的想像力跟他們一起奔馳。

華特．迪士尼[66]可能是其中一例，我不認為他真的想靠米老鼠、米妮、高飛和唐老鴨解決什麼；我認為他是想找個方法讓我們能親身體驗、盡情享受

66 編註：Walt Disney，一九〇一～一九六六，華特迪士尼公司共同創始人，世界最著名的電影製片人、導演、劇作家、配音演員和動畫師之一。

幽默和創造力，所以創造迪士尼卡通營造歡樂，我認為這也是一種創意思維。

想像力最有創意的運用方式，或許是刻意運用視覺化——我生涯之中時常提到的一種技能。

我第一次體驗視覺化的力量是在艱困的童年時期，那時我十二歲，父親已離家；二次世界大戰剛結束，家中一切發展並不順遂；母親很負面，一切都有點負面；我不知道未來的人生會發生什麼事，但我做了個夢。

夢裡，我人在一座大廳裡面，上面有一盞水晶吊燈，廳裡有很多人。我不確定自己是在演戲、唱歌、跳舞，還是演奏樂器，我就是在那裡，在這座華麗的大廳演出，我媽、我爸、我祖父母都在前排。人生第一次，我親眼目睹自己不是我媽心目中那個一定會變得跟我爸一樣的不完美小孩。反之，大廳裡的觀眾為我的演出起立鼓掌，我高興得不得了，因為我媽和我爸也站起來拍手了。永遠給我鼓勵的祖母只笑了笑，點點頭，彷彿在說：「我早就知道你會有這樣的成就。」最後，我媽看著我，說：「我以你為榮。」我記得我反覆在心裡說：「媽，現在我可以了嗎？媽，我是個好男孩了嗎？媽，我不會跟我爸一樣了嗎？媽，妳滿意我的演出嗎，妳會愛我了嗎？」這樣的夢我做了一遍又一遍。

數十年後，一九八〇年代後期，我人在紐約的卡內基音樂廳（Carnegie Hall）[67]，我本身從沒去過那裡，甚至沒去那裡聽過音樂會。那對我來說是個特別的夜晚，我要為我進行的慈善工作接受表揚：幫助年輕人在職場有個穩健的起步；幫助因個人選擇或被雇主當免洗筷的員工轉換跑道。主辦單位請我發表三十分鐘的得獎演說，那是我發表過最棒的演說之一，突然，我的思緒回到我十二歲的時候。就在那裡，穿著禮服，還有那盞水晶吊燈，但現在是真實的：卡內基音樂廳。唯一遺漏的要素是我父母和祖父母，但那種為討母親歡心努力演出而贏得全場起立鼓掌的感覺，依舊油然而生。

那就是我會成為講者的原因之一：贏得聽眾的認同，證明我是個好男孩，不只是提供充實的內容而已。

我已經不再向他人尋求那種報酬，現在對我來說，「提供內容」的內在動機（就算沒有報酬或掌聲）比獲取演出酬勞或贏得起立鼓掌來得重要，我

67 編註：建於一八九〇年，是美國古典音樂與流行音樂界的標誌性建築，卡內基大廳以歷史悠久、外形美觀，以及聲音效果出色著稱，被評為世界百大廳院之一。

現在把這視為一種內在價值感的體現。

虛擬實境可能成為實境，塞考斯基十二歲時夢到一艘飛行船在空中橫渡海洋，若干年後，當他讓查爾斯・林白[68]操控他所謂的「飛行快艇」時，他彷彿穿越了時空，說：「噢，我的天啊，我現在親眼見證我十二歲時反覆做的夢。有一條發著藍光的通道，而我乘著一部飛行器越過海洋。」第一架載乘客飛越海洋的飛機就是塞考斯基設計的。

當你做了個夢、看到奧運演出或某人把某件事做得很棒，不要不當回事，請把它內化。如果你讓想像力恣意奔放，讓它創新，那可能成為你的未來，請讓心靈自由，別拘束它。

因為我的《致勝心理學》獲得成功，時任美國奧會主席的威廉・西蒙（William Simon）任命我為美國奧會運動醫學委員會運動心理學主席。他以為我是正牌、專業的大學運動心理學家，他不知道我只是個撰寫自己的親身經歷、並採訪過戰俘的無名小卒。他以為我是真貨，某種程度我的確是，因為我研究過那些對象，來讓自己變成更好的人，我並未假裝自己是經驗豐富的運動心理學家，我只聚焦在我擅長的部分，也就是抑制自私的動機，還有讓每個專業領域的專家做他們該做的事。

他們是當時（現在仍是）全美最優秀的專家：冬季運動權威傑瑞・梅博士（Jerry May, Ph.D）、花式滑冰大師與公認運動心理學先驅布魯斯・奧吉爾維博士（Bruce Ogelvie, Ph.D），還有不只在田徑賽事首屈一指，更是全球聲譽卓著運動心理學家的羅伯・內德福博士（Robert Neideffer, Ph.D），裡面有太多優秀專家我無法在此一一列舉，而其中有些人已經退休，或已不在人世，這麼說就夠了：我想成為有影響力的人，不想當冒牌貨。

我從奧運學到的事情完全證實我之前相信的一切，奧運選手是視覺化的最佳典範——不假外力在心裡演練你要表現出來的事，這叫「視覺行為排練」（visuomotor behavioral rehearsal，VMTR）。在虛擬實境中，你可以刻意完美無瑕、毫無失誤地完成演出，你可以想像你去體育館練罰球；在現實生活，你的練習一定有幾球失手，但在你腦海裡，你可以百發百中，視覺化之美就在於你可以練習正確的技能，正如太空人在演練時能夠做的事。

68 編註：Charles Lindbergh，一九〇二～一九七四，他於一九二七年駕駛單翼飛機聖路易斯精神號，從紐約橫跨大西洋飛至巴黎，成為歷史上首位完成單人不著陸飛行橫跨大西洋的人。

這種技巧未必只能靠運動心理學家傳授，運動員也常以自己的方式偶然發現，他們開始明白自己在心裡的所作所為有多重要。「場上的練習非常重要，」一奧運選手這麼告訴我，但又補充：「但致勝的優勢往往在心理準備。」

為什麼世界級的能人如此難分軒輊？為什麼贏得獎牌跟失之交臂的選手之間，只有零點幾秒或幾毫米的差距？答案是心理優勢。也就是這個概念：「我已經做過這個太多次，不會再緊張、急迫了。我有肌肉記憶，我會有反射性的動作，我全都記得。」視覺化能以正確的方式幫助你反覆排練，使你在你自己大腦的硬體安裝新的軟體程式。在你上場演出時，你會記得視覺化的勝利，多過你犯過的錯和跌過的跤，這就是為什麼正面的解釋風格和樂觀如此重要。

游泳冠軍麥可．菲爾普斯[69]在一場訪問中說，早從七歲開始，他就在腦海裡比賽游泳了。不管是什麼樣的比賽，他都在腦海裡反覆上演，彷彿透過自己的眼睛看比賽，他是真的在游泳一樣。

世界級滑雪冠軍林賽．沃恩[70]更進一步：在大曲道賽，你必須保持在旗杆內，必須不偏不倚通過每一道門，必須無視情況飛速完成；你必須待在路線裡，用正確的方式進行。除了想像自己滑下滑雪道，她家裡還有一座來回擺盪的平臺，讓她感覺她的滑雪板在練習區裡面的重量。

下次，當冬季奧運再次舉行，請看滑雪選手站在起始門的頂端，你會看到他們跟著腦海裡的畫面來回擺動；在花式滑冰賽，如果你在後臺看到參賽者，你會看到他們一再進行輕鬆、虛擬的預演，以便在真正上場時能靠反射呈現最精湛的演出，而非克服他們在練習時摔倒的事實。

贏家都學會了這個強而有力的方法：在你的腦海裡以正確的方式演出，讓它成為習慣。習慣掌控結果，我很高興神經科學、奧運、阿波羅計畫、NASA（我們所做的一切）都給我們運用虛擬實境的機會，不是為了在比賽拿到分數，而是透過這種方法讓我們過得更好、更健康。

我們無法區別哪些是我們用情感和重複視覺化的情景，哪些才是真正的事物，我們會把那些在腦海發生的事情當作事實儲存下來。收看《杏林春暖》

69 編註：Michael Fred Phelps II，一九八五～，美國男子游泳運動員，他擁有二十八面奧運獎牌，為史上獲得最多奧運獎牌的運動員。

70 編註：Lindsey Vonn，一九八四～，美國高山滑雪運動員，至今共獲得八十一次世界盃冠軍、兩面世界冠軍賽金牌，是美國歷史上最成功的女子滑雪運動員之一。

（*General Hospital*）等電視醫療影集的觀眾就是明證，他們會寫信給電視劇裡的醫師尋求醫療建議，但那些節目裡沒有真正的醫師，他們只有飾演醫生的演員。然而，那些劇中的醫生卻會收到信、接到電話，碰到發生問題或生病的民眾想跟他們要治療方法。

人真的會相信他們觀看、見到和反覆排練的事物，那會成為他們的新現實，我們務須小心：排練且內化的虛擬實境，會成為你的新現實。請務必練習成功的情境，不要光上演娛樂的畫面。

為嚮往的結果視覺化

且讓我們繼續討論如何發展我們的想像力，以及如何運用視覺化朝嚮往的結果邁進，這裡有六種不同的概念。

首先，每天撥出二、三十分鐘放鬆、想像、進入你的渴望。例如，我會去散步，然後想像我喜愛的事物變得更好、有所進展。那會讓我更善於體會和接受身邊的美好；我會更懂得欣賞小鳥，欣賞花兒，時時提醒自己要心胸開闊。撥些時間想像和進入我的渴望就像安排時間運動、陪陪孩子或放鬆；撥出時間想像可能的未來是好事。

第二：當你想像自己在做某件事，請確定那是有「動作」的行動。例如，我是這樣運用視覺化來想像自己是公開演說家：我走進我隔天要發表演說的房間，目前空無一人，想像會場已經布置好，就算還沒有。我走上舞臺，想像觀眾坐在臺下，然後我會問，室溫會是幾度？是冷還是熱？每個人都看得到嗎，包括後面的？

這是一種方式：進入那個房間，進行演說彩排；現場沒有觀眾，但我假裝那裡有，也假裝他們有正面的回應。

另一種方式是把家裡當會場。我從這個房間走到另一個房間，當成步上舞臺，然後開始即席演講；我沒有用小抄或提詞機，我試著確定自己全心投入，和觀眾眼神接觸。我一次又一次來到我的房間，站在一個地方，看著一部分想像中的觀眾，再看另一部分。我確實身歷其境了，既有心理，也有身體的動作。

請記得，多數高爾夫選手在正式擊球前會反覆練習揮桿，很多時候你會看到他們先確實揮桿一次，以便揮第二次的時候能正確擊球，也可能在練習時做第二次推桿。請將動作融入你的視覺化之中，因為那會帶來身體的律動，會帶來生物力學，帶來眼力和想法。

第三：成功的結果和邁向成功的步驟都要視覺化。很多人省略這個部分，以為光靠視覺化就能促成實際行動，但邁向成功的步驟特別重要。這是因為我們很難一次進攻就順利得分，我們很難每一次進攻都傳出達陣傳球，取回第一檔（first down）[71]進攻比較容易，循序漸進比較容易。

就我所觀察，所有贏家都是一階一階爬向頂峰，高爾夫傳奇傑克．尼克勞斯[72]就是好例子。尼克勞斯打一回合（十八洞）要很久，他向來如此，因為他會先在心裡經歷一舉一動：他會做的第一件事是看看計分卡，跟桿弟說話；他會看看旗子有多遠，因為那象徵目標，而目標是把球打進洞裡。他看了看距離，看了看那個洞，取出開球木桿，揮出第一桿；來到球目前的位置，他又看了看，跟桿弟說說話，明白離洞還有一百八十碼。他取出不同的球桿，慢慢來，先練揮一次，想像這一次擊球會有什麼樣的結果；又練揮幾次之後，他才真正擊球。

最後，他上了果嶺，而我們繼續觀察他。他繞著旗子走了一圈，到旗子前面，又到旗子後面；他跪下來，手撐著地，看看草是怎麼長的。他提前經歷這個「看電影」的過程，以便逐步預先播放畫面。

贏家會放眼結果，也就是他們最好的表現；他們試著朝最終的目標逐步提升自己的表現，知道那並非一蹴可幾。這就是為什麼遞增的自我視覺化策略較為成功，既能想像結果，也能想像循序漸進的步驟，是每一位贏家都具有的特質，因為他們明白，要一步步踏上許多階梯，才能獲得他們想要的成果。

另外，不論你是想提升你的競技、你的健康或你的事業，只要有所進展就給自己一些獎勵，不必等公司或頒獎典禮來祝賀你。若你朝目標進了一大步，不妨做點你期待的特別的事，就算只是小事，這能使你有動力擊中每一

71 編註：在美式足球中不論進攻或是防守，每隊一次上場十一人，進攻方有四次進攻機會，來完成十碼的推進，成功的話就會獲得 First down（第一檔進攻），再取得四次進攻的機會。

72 編註：Jack Nicklaus，一九四〇～，美國職業高爾夫球運動員，因其金色頭髮和高大的身材，被球迷親切地稱為「金熊」，截至二〇一二年曾保持四大滿貫賽事冠軍總數第一名的紀錄。

個階段的標的。

第四點：視覺化的時候，要把自己放在畫面裡，彷彿你正在完成某項目標。多數人會把自己當成觀眾，從看臺觀賞別人，他們很難把自己放進畫面中，但他們必須了解在奧運會，有部攝影機是置於滑雪板前方。為什麼要放在那裡？因為要拍攝他們真正滑行的過程，我們希望他們看到自己在畫面中，滑雪。你也一樣，你要這樣看著自己進行任務，這不是一段記錄你做了什麼的影片，不是你坐在椅子上，看你拿到奧運獎牌；這不是要看你獲獎，而是看你正在進行要得獎就非做不可的事。

把你自己放在畫面裡，確定不是從攝影機對著你的角度看著畫面，而是你自己就是攝影機。

五：溝通的時候，運用視覺意象豐富的語言會更有效。語言對人有強大的衝擊力，因此我們對奧運選手會使用「觸發詞」。我教過許多奧運選手一些很美的字：放鬆、冷靜、集中加速、操練、力量、旋轉站穩、這是屬於你的一刻、需要十分就拿十分、上桿有力、一桿進洞、跟練習一樣、在控制之中。

有時在研討會裡，會有人說：「我不相信廣告或新聞播報員說的任何事情。」

「你在開玩笑吧？」我說。

「沒有。我才不聽他們說什麼。」

「這樣喔？好，讓我告訴你一件事，我要來磨指甲，我要用指甲刮黑板。」

他們開始坐立不安，說：「噢，別那樣做。」

「噢，不會啦，我只是說說而已。」

然後我說：「等等，房裡有隻老鼠。」有女性從椅子上跳起來，我說：「沒有啦，我只是說說而已。沒有老鼠啦，只是我讓你們相信有老鼠，因為話語會造成強大的情緒衝擊，就跟視覺畫面一樣。」

小心說話，說話會引發視覺和情緒反應。話語不是思想，但它會讓你看到畫面，所以描述畫面的用語也具有強大的效應，請用生動的語言、樂觀的語言、正面的語言；極具激勵性的語言很重要，因為那能同時產生畫面和引發情緒。

最後，第六點：重新聯繫你的五感，幫助新的、正面的習慣取代舊的、負面的習慣。我們有鼻子，我們聞得到臭味，聞得到香味，聞得出有毒的東西，所以要善用你的鼻子，它會引領你。有時人們不會吃不好聞的東西，我認識很多人不吃乳酪，就是因為他們不喜歡那種氣味。

運用你的接觸——觸覺；運用你的鼻子——嗅覺；運用你的耳朵——聽覺；運用你的眼睛——視覺。

虛擬實境可以複製感覺，但它再努力嘗試也永遠無法造出我祖母的玫瑰的芳香、烤麵包的味道、鳥兒的啁啾、我躺的草地的觸感、羽毛的質地，虛擬的方法永遠無法複製我們能直接用感官看到、聽到、摸到、聞到，和品嘗到的東西。

Chapter

9

贏家的大腦訓練

重塑成功的習慣模式

在這一章，我將討論如何讓致勝成為一種可以預期的習慣——你的人生的一部分。我想呈現一些最新的研究，研究主題在於如何將致勝徐徐灌輸於神經層級，讓它變得跟呼吸一樣自然。

讓我們先溫習一下習慣是如何養成的：我們透過觀察、模仿、重複來學習，未來的你就是你觀看、聆聽、重複、內化的一切種種，我們都是習慣的產物。

在這個時代，當你面前擺著智慧型手機的螢幕，當你不斷看著它、讀它、對它說話、跟它互動，了解這點很重要：你正基於你在螢幕上看到的一切，創造全新的人生和全新的習慣模式。你會模仿你看到、聽到的，會經由分分秒秒的重複將之內化。

我們確實是靠內省學習，因為內省會營造出自我意識，而我們會向內尋找對我們重要的價值觀、興趣和目標；但我們也會向外觀察我們想要模仿、當成行為榜樣的對象。在歷史上的這個時刻，我認為觀察、模仿、重複、內化和體現是社會上最重要的影響力，因為我們每天的所作所為有90％是下意識或不自覺的習慣，我們沒有意識到自己正被外界編寫程式來按照「新常態」

行事。

如前文所說，一九七〇到八〇年代時，專家說一個習慣要花二十一到三十天建立，激勵演說者和作者都把那個概念奉為金科玉律，但那其實不是事實。雖然你可以在二十一天內學會某些技能，但它們還不是你的一部分，舊程式依舊凌駕新程式，那是因為我們一直這樣太久了。（在你們讀到這本書的時候，我的習慣，包括好習慣壞習慣，已經內化三萬兩千天了！）一個週末的避靜或許能幫助我聚焦在我必須改變的事情和理由，但一個決定只是一個承諾，習慣要花很長的時間培養和變成反射作用，也要花很長的時間才能改變（雖然也許不用那麼久）。

我們不會戒絕習慣，而是加以取代，並用進入大腦的新資訊來覆蓋舊習慣。根據神經科學的說法，我們起碼要花三到六個月到一年，甚至長達兩年，才能成為有新習慣的新生命。所以別指望任何事立刻改變（你的體重、你的收入、你孩子的行為），一點一滴就可以積少成多，一次一吋就會是小事一樁。

神經科學已經證明「改變」所需的時間比人之前以為的久，但你的大腦裡終究會形成新的神經傳導路徑覆蓋舊路徑，你可以建立神經路徑跨越或穿越舊公路、舊死巷、舊施工便道、舊泥巴路，開闢一條新幹道。

訓練大腦需要的時間比我們以為的久，也沒有一夜見效的療法，世上沒有讓人成功的app，只有幫助你找到解決方案、獲得更多知識、更多資訊、以更有效率的方式進行研究的app；你不會更快到達目的地，但你會用更好的方式抵達，如果你走的是新幹道而非舊途徑，成果也更為持久。

一如以往，神經科學仍在重新塑造我們對大腦的理解，那已證明大腦不僅具有可塑性，還能恢復先前因疾病、意外、中風或心臟衰竭而喪失的功能。不論我們過去發生過什麼事，我們的大腦都能取回我們先前以為永遠失去的功能。

神經科學也證明我們真的能在高齡學會新的語言，我們可以有更強健的體魄、更喜愛音樂，也真的學得會新的才藝。

我說過，我曾經陷在「才能是天生」的舊典範裡，現在我知道，你的個性是天生的，但透過腦部訓練，你也可以修正你的性格，讓它為你效力，而不是對你不利。

你真的可以教一位非常武斷、非常跋扈的超級 A 型人怎麼更樂於助人、體貼而情緒穩定；你可以訓練他們如何傾聽，可以教他們事情會怎麼隨顧客關係改變，教他們需要如何把焦點擺在發展關係，而非盡快成交。神經科學現在已和社會科學、宗教、哲學、藝術、音樂、冥想和靈感相結合，證明我們若繼續沿用舊方式過日子，將會錯失許多。

憑藉舊的致勝心理學，對手倒下，你仍屹立不搖；你獲勝，是因為你打敗他們；你做得比他們好，也更有競爭力；你實現的、達成的比別人多——這完全是以表現為基礎。

現在我會以不同的角度看待勝利，我認為勝利意味自尊，理念背後還有理念，目的背後還有目的，我對勝利的態度比較溫和了。奪金或賺錢不是全部，或許我沒有賺那麼多錢，因為我沒有幫助別人賺更多錢；但我認為我雖然沒有致富，卻已讓世界變得更豐富，我相信豐富不只是在物質上變得富裕而已。

這種新科學正幫助我們了解，可以怎麼採取多種不同的方式來運用頭腦。終於能把它們兜在一起了，我好開心，這就是為什麼我想至少活一百歲的原因，因為未來十年，我一定能見得以往不存在的東西。我一定會為大腦能做的事驚詫不已，我想要活著見到年輕人用更積極的方式用腦，而不只是玩遊戲而已。

好習慣的四個基石

讓我繼續探討培養新習慣的四塊基石，我想給你一個培養好習慣的架構，讓你不必再多花時間思考，你只要執行程式就可以了。

基石（一）：沒有人可以改變你，你是你的主宰。別人可以帶你去水邊，但沒辦法讓你喝水；醫生可以告訴你如果你不戒菸，可能活不了太久；但不論任何人告訴你什麼，他們都無法改變你。

你也無法改變別人，你無法讓他們成為更好的人。你可以當個好榜樣，可以當教練、當心靈導師，但唯有那個人才擁有改變自己的選擇、承諾和方法，因為改變是內部作業。

基石（二）：習慣不容易戒除，習慣要靠新行為模式漸漸覆蓋舊行為模式來取代。換句話說，你不會停止做某件事，你其實是開始做不一樣的事，或做某件事來代替以前做的事。習慣不會被停止，習慣是透過覆蓋新的行為類型來取代，而新的行為模式要靠一段時間的演練來習得，之後才會凌駕舊的資訊。

你可以取代一種習慣，但無法戒除，因為舊習慣會永遠在那裡潛伏著，那就叫「你過去的孩子」。如果你沒有拿新的行為覆蓋舊行為，它就會捲土重來，一如以往帶你去吃到飽和甜點桌。你無法戒除讓你變得過重的習慣，你只能用健身、健康、維持理想體重的習慣取而代之。

基石（三）：假以時日，日常習慣會變得像第二天性一般，例如刷牙和開車。

為什麼地鐵是最有效率的交通工具呢？因為那是在軌道上運行。你有兩個選擇：你可以墨守成規，照過去一成不變的方式做；或是上地鐵、上新的軌道、比以前更快達到目的地，也更省錢。

也就是說，日常習慣是動態的，只要改變你做事的方式，久而久之，那就會成為你的習慣，也會成為你每天作息的一部分，就像洗澡、喝咖啡、吃早餐。就算我們沒有察覺，但我們有80％到90％的行為都仰賴習慣，這就是為什麼新的日常可以充滿活力地形成新的習慣模式，並逐漸取代我們身處的窠臼。

最後，第四塊基石：一旦你改變了某項習慣，請遠離過去破壞力十足的環境。

囚犯假釋出獄後，很不幸地，多數會回到以往的社區，而以往社區的居民仍過著一如往常的生活，他們的朋友也一如往常。回到舊日做自己的方式是極吸引人、誘惑人的事，說來遺憾，這就是為什麼我們會一再重遊舊地——這就叫「累犯」。

光是坐牢不會使你成為更好的人，你不會只因為受到處罰就變得更好；相反地，你需要接受訓練來以更高尚、更良善的方式展現自己。不妨回頭看看前面對「德蘭西街」的討論，我們有辦法過馬路到對街，只是需要付出時間和心力。

你需要遠離自怨自憐的聚會、愛發牢騷的群組、募集仇恨的團體、負面消極的人，還有那些會鎮壓你、駁倒你、對你頤指氣使的人，遠離負面的媒體，並開始注意會鼓舞你、帶你看看你想去的地方的事物。

我們可以培養一個至關重要的習慣：正向的「自言自語」（self-talk）。自言自語是我們和自己進行的無聲對話，而在你的大腦說話時，你的身體會以聆聽相應。

這就叫「心理語言學」（psycholinguistics）：心智的語言。我們碰巧看得見、會說話、有觸覺、有動覺，不管喜不喜歡，每個人的腦袋裡都有「現場播報」，那就類似收音機裡的晚間新聞，也像你享受你最喜愛音樂的節奏律動時，透過耳機聽到的歌詞；你不必看到它，你只會聽到它，而它會喚起畫面和情感。你對你自己說的每一句話，你都會聆聽，而你最常聽到誰說話呢？你自己的聲音。誰是你最重要的評論者呢？是你。誰會對你念念有詞來懲罰你呢？是你。是誰會說：「我什麼都不會做，我沒辦法像他／她那麼好，我絕不可能成功。做好準備：事情發展太順利了，一定會有壞事發生？」這種「現場播報」的速度大約是每分鐘六百個字，在我們醒著的每一刻，甚至睡著的每一刻，在我們迷迷糊糊和做夢的時刻，它都在進行。

因此，多數時候，我們腦中都在「現場播報」，而那會帶領我們朝目標前進。另外，人們會一直告訴我們該做什麼、他們怎麼想，我們會一邊看著他們，一邊聽他們說話。讓我們看看話語的力量：疫情、新冠肺炎造成永久大腦損傷、恐慌、股市崩盤、生病、疾病、戰爭、颱風、颶風，這些話語會引發劇烈的視覺和情緒反應，而問題在於，我們一直在大量使用負面評論，別人也教我們這麼做；別人一直在教我們別對自己說太動聽的話，因為那是一種自誇，是老王賣瓜。我認為我們不該自誇，我們只該跟自己說實話，但我們也該引領自己往嚮往的成果邁進。

比起以「肯定」（affirmation）為基礎的社會，我們更該成為以「確認」（confirmation）為基礎的社會，也就是要以堅定的決定和行動來確認信念。如果只要我們長期以某種方式跟自己說話、以某種方式傾聽、某種方式觀看、某種方式重複，大腦就真的可以重設線路，那我們為什麼不能運用科技來促進和提升這些過程呢？我們當然可以，也正在這麼做，那就是我仍堅持活著，也還在到處閒逛的原因，因為我已經學到，確認的信念比肯定更有力。

肯定是一種籠統的聲明，就是你在肯定自己是怎樣怎樣，但你還沒有證明自己已然全心投入，你還沒有告訴其他人這在你的新詞彙裡。你沒有讓它成為日常慣例，只是把它當成一件好事看待，那就跟上 Facebook、Instagram、Twitter 一樣，只是一件大家都在做的事情。

但如果你嚴肅看待，你會使用能刺激視覺、刺激觸覺、刺激所有感官的語言，驅策自己積極實現目標。這時你的習慣才會真正開始改變，因為你全心投入了，你已經確認這是新的你了，你不是只對鏡子說「我很有錢」、「我是最好的」、「我是最棒的」、「我很了不起」。

就我所了解，確認的信念遠比單純的肯定強大。你必須明白，在你重複和內化簡短的自我陳述時，你正在重設你大腦裡的線路；透過配合音樂、特定韻律和特定腦波頻率進行的重複，自我陳述正自動內化成新的習慣模式。

神經科學證明你對自己說話和自我展望的方式，會創造出新的連線模式。若你了解，不管你年紀多大，不管面臨什麼樣的處境，都可以透過神經科學的技術和跨越時間的智慧重新建構大腦線路，那麼在我們火速穿越二十一世紀之際，你必能出類拔萃。

充實自言自語

接著讓我闡述一些培養自言自語技能的準則，如前文所述，我們可以掌控我們在腦裡進行的安靜對話，而對於如何充實自言自語，我有一連串特別的建議。

我有七個不同的建議，首先：是下定決心將自言自語變成正向的「肯定」，但能「確認」更好。肯定是你認為自己想要相信，確認是你相信了一句話，且堅定地投入。務必留意你在自己身上使用的語言，從早到晚都要聆聽自己的聲音，不論你說的是負面還是正面的話。

二：回應別人負面的自言自語，不要有情緒反應。你可以用正面的方式回應，像我會這樣和家母應對，如果她說：「噢，今天好熱。」我會回：「很適合去海邊，對花朵也不錯。」如果她說：「今天一直下雨。」我會說：「噢，我們今天需要雨水滋潤一下。」這樣就能翻轉一些她的負面言語。

我也能在人生其他領域做這件事，每當有人說：「哇！你相信世界怎麼了嗎？」我說：「我知道，明天一定會更好，我相信我們總有一天能從現在發生的事情學到教訓，我期待那一天的到來。」務必以正向的方式回應，不要確認他人負面的自言自語。

三：自言自語時，請直接訴說你的渴望，而非試著離開你不想要的東西。你無法把注意力集中在某個概念的反面；你不想去想粉紅大象，但你就是會想。沒事幹嘛告訴別人你不希望他們去做的事呢（除非你是要警告他們某件事很危險）？你不會這樣的。叫人去他們想去的地方，而非他們不想去的地方；別叫人減肥，別叫自己別生氣；要告訴自己你想去哪裡，那會引領你走向目標，走向成果。

四：一定要用人稱代名詞。例如「我是更好的父親」、「我正成為更好的父親」、「我正實現我的財務目標」、「我花更多時間陪家人」、「我很放鬆」、「我聽的比我說的多」……把「我」和「我的」放進那些句子裡，因為你想改變的人是你，不是別人。

五：用現在式。如果你是要叫自己改變個性，這點尤其重要，畢竟你是要告訴大腦你想要變成什麼樣的人。你是想明年變成那樣嗎？未來變成那樣嗎？是想距今一年後再當個好爸爸好媽媽嗎？還是現在就要成為好爸爸好媽媽呢？

用現在式是因為，大腦裡的網狀活化系統正努力讓你活著、健康地度過自律反應。在你說你現在、此時此刻、希望發生什麼事情的時候，你的大腦才會聽你說話。「我正達成我的財務目標。」「我正成為我想成為的那個人。」

你必須從現在的位置看自己，沒有哪個奧運選手會說：「我距今三年後要成為出色的奧運選手，可是現在，我還不怎麼優秀。」不會的，奧運選手會說：「我比我前一次進步，我愈來愈好了，我跳到的新高度是兩百三十七公分，那很接近奧運紀錄了。」換句話說，你要說的是現在的你，而非以後的你。

六：別讓自言自語具競爭性，別拿自己跟別人比較。一定有人比你好，也有人不如你，如果你性好競爭，你可能不是處於興奮就是陷入抑鬱。你的職責不是競爭，也不是要比其他人好，而是要根據你的內在價值變得卓越。你不是世界最好的高爾夫選手，也不是鄉村俱樂部冠軍，你只是愈打愈好，差點愈降愈低，成績一次比一次進步。不要爭強好勝，要有創造力。

七：在撰寫你的敘述時，把焦點集中在累進，也就是比前一次更好一點。你的大腦知道你有什麼習慣、你過得好不好，以及你的行為模式，它會聽你說，判斷你說的是否切合實際、可不可能實現、是否真的是你所言。而對於你目前搆得著的事情，它的回應會比看不見的事情來得好，當你叫自己（或別人）「射下月亮」（爭取最高目標）[73]這會降低動力，因為大腦不認為你做得到；但如果你的期望是累進的，若你未擊中目標，就比較容易修正了。設想較容易的短程目標絕對比較好，你會得到報酬、滿足感和動力來繼續精益求精。

如果要我提供一個在你應用到個人生活時，真的能帶來好處的基本概念，我會說這個：因為大腦在聽，因為大腦有管理員，且永遠在找對你重要的事，請把健康和正向的目標列為重點。別對你欠缺的才華和能力，以及想克服的難關多費唇舌，請多詮釋你想要變得更好的成果。在你解釋你的目標、你的進展、你的孩子、你對未來的期望時，請採用正向的詮釋風格，因為你一直在聽自己說話，而你會從你大腦聽到的東西汲取線索，那就是為什麼你尋找的榜樣、導師、教練，一定要能引出你最好的部分，而非只是避開最壞的部分。

我們學到什麼

到我這把年紀，自然會回顧我在人生學到最重要的課題，我認為最重要的課題是我太嚴肅看待自己了。我深陷一定要出人頭地、向爸媽證明我可以的模式中，尋求起立鼓掌，尋求獎勵——不是追求金錢、名譽、財富，而是想得到接納、肯定、希望自己是號人物。我明白這是個陷阱，我明白我該多享受一下現在，不該花那麼多時間擔心我做了或沒做的事情，以及未來的生活。

回顧我的一生，那保證歡笑一籮筐，我可能是我見過最滑稽、最烏龍、最愚蠢的人了。我的車子會自動開去機場，就算我並不打算去那裡，我真是

73 編註：shoot for the moon，用來激勵別人「力爭最好，爭取達到最高目標」，就像將目標射向月亮一樣。

「訓練有素」，我自動踏上搭飛機的路（去工作）。我自動自發做我一輩子習慣的事，就算那不是我真正喜歡做的事。

如果人生可以重來，我發生過的很多事，我可能會一笑置之；我會更輕鬆地看待人生，我不會再停下來看別人的困境，而我會開始自嘲；我不會拿別人開玩笑，我會拿自己尋開心。

有一次我滑雪的時候撞到樹，我的孩子大笑不止，我卻不覺得好笑，因為我可能會受傷，他們說：「你幹嘛不用你的奧運視覺化呢？」

「因為我是在往下滑，我滑得太快了。」

孩子說：「噢，那你跟大家一樣啊，你不是我們的奧運爸爸，你只是普通爸爸。」

我會多花點時間跟我的孩子、孫子和我愛的人相處，會多花點時間陪他們玩耍，而不是看職業運動員比賽；我可能會多讀點書，但我也明白，多爬點樹可能比多讀點書更好，因為我們更該利用樹真正的價值：登高望遠，並把它視為自然的一部分。

我會承擔更多風險，我會多在雨中漫步，不要老是擔心有沒有帶傘；我可能會在我們的夏天去紐西蘭滑雪——那時那裡正值冬日；我會多花點時間去非洲看動物，而不是去動物園；我想看人和動物天生會做些什麼，而不是看他們待在圍欄裡。

我會多花點時間在大自然，而非大城市，我覺得我沉浸於太多人、太多競技場、太多大城市了；我該走出去看看更多奇景，我也許會多沾一點海灘的沙子——不光是腳趾間，還有漢堡裡；也許不該再擔心那些小事，我現在真的太在意了。

我甚至可能偶爾會泡個澡，多數男人用淋浴，因為淋浴比較熱、比較快，因為男人都淋浴，我們不像女人那樣洗泡泡浴。可是對男人來說，偶爾跨進浴缸洗個泡泡浴，拿著一杯香檳，裡面放顆櫻桃，坐在那裡享受輕柔的音樂和燭光，不是很美好的事嗎？那一定很好玩。

我或許會多花點時間親近人們和大自然，少花點時間在俱樂部和派對跟陌生人相處；我或許會假裝自己跟我的孩子一樣大，不要倚老賣老；我或許會給我摯愛的人多點肢體接觸，少點忠告；我一定不會一天到晚說教，然後會多玩一點；我想我會多花點時間全心投入當下，活在你唯一真正能夠掌控的時刻。

別看Scrapbook[74]，別看YouTube，別看自拍，在你體驗事物時請感受它、品嘗它、聞一聞、摸一摸，但別試著把它記錄成歷史，逝者已矣，以後你不會再有同樣的身體、情緒和心靈的感覺了。

我認為我對於自己在生命裡的「為什麼」會了解得更透徹，也會不斷提醒自己；我不會再為自己或許無法符合社會、爸媽、同儕和同輩給我的標準找理由；我不會再按照別人的標準衡量自己，我會以卓越的標準衡量自己。

我要向我祖母看齊，我要種我的玫瑰，因為那氣味芬芳，而且我愛；我會多彈鋼琴，因為彈琴讓我開心，不是因為我想要贏得什麼競賽。

我想我會少花點時間爭勝，多花點時間參賽；我想我會笑口常開，我厭倦了一直皺眉頭，也厭倦了沮喪、生氣、傷心難過。

我不會再那麼努力給人深刻印象，我不需要讓人印象深刻，我只需要多表達自己的感覺，說出我對事情真正的感想，不必試圖說服別人一切都在我掌控中。

最重要的是，我會原諒自己犯過的錯。我或許會給自己更多肯定，會多看我的天賦而非缺點，我真的很想先原諒對方，我不會咒罵任何事物或任何對手。

我會更加自動自發，信不信由你，我到這把年紀仍自動自發。我再兩年就九十歲了，十年後，二〇三三年，我就一百歲了，我會收到總統的email，他可能會祝賀我成為加州萬名人瑞的一員。

每當有人說：「我們來做吧。」我會回答：「開始吧。」我不會拖延，我不會住在「未來之島」。我不會說：「等時機好一點，等市場好轉，等經濟死灰復燃，等事情不像現在這麼糟。」

在我現在的年紀，我活在當下，而非為當下而活；我會觀賞每一隻鳥、聆聽每一聲傻笑，聽每一個優美的聲音，享受生命中每一個美妙的滋味和芳香。

我不知道自己為什麼要過這麼久，才懂得珍惜「活著」這個老天賜予我的禮物，才能夠感受它、體會它。我想我不會再那麼害怕，會比以前更

74 編註：一款線上剪貼相簿軟體。

樂觀，就算像我這樣的老人常把年輕世代視為外太空來的外星人。我們知道我們不可能跟他們一樣，我們不可能了解他們的世界，我們不可能活在虛擬實境，我們只能活在我們的世界，而或許那正是我們頂多只能活一百歲多一點的原因。

最重要的是，我告訴我的家人我只是個園丁，我是個不完美的園丁，而我的花園永遠需要我的幫助。

不管我多努力，野草還是會滋長，野草不需要澆水，它們每天都被風吹進來，它們不需要我幫助，但我的花園永遠需要照料。一直有事情打斷我成為完美的園丁，但我會當那種奉獻生命種植樹木讓後人乘涼的園丁，我自己可能永遠沒辦法坐在樹下，但我希望那能在某個非常濕熱的日子，為他人的生命提供一些遮蔭。這樣的感覺還不賴，雖然我在這裡來去匆匆，卻能讓一些生命活得輕鬆一點。

我曾以某種方式接觸過的人，我希望他們記得我，我也想要成為值得以某種方式效法的榜樣。我希望人們記憶中的我，愛家人勝過全世界，也有一群朋友，或許人數不多，卻是我傾盡生命完全信任的人。他們了解我，接受我的不完美，我希望人們記憶中的我，是個全心全意付出，感激能夠活著，想要盡我所能活下去、愛人、給予、分享、學習的人。

我都計畫好了：一通電話就能處理好一切——要播放什麼音樂，要說什麼話。那時我已過完我的生命，因此沒有人需要承受壓力，需要擔心或難過。我只想要我的家人說：雖然他不是完美的男人，他也知道這點，仍全心全意付出。他愛我們，愛人生，也愛他的朋友；他只想要把偉大的種子播在他的孩子和他遇到的每一個人身上。最重要的是，他永遠樂觀，永遠看著生命的光明面。

致謝

丹・史楚澤（Dan Strutzel）
Inspire Productions 總裁

丹是精心編排這本書的指揮家，沒有丹就沒有這本書。身為頂尖作家及饒富創意的內容開發者，擔任南丁格爾－科南特出版集團副總裁二十三年——協助出版及行銷初版《致勝心理學》有聲專輯——他是唯一有能力讓這件事發生的人。在二〇二〇年初新冠肺炎疫情第一次大規模封城期間，丹和我進行了長達十六個小時的遠距電話會議，為這本我自認是生涯最重要的著作畫下起點。

吉爾・丹納（Gilles E. Dana）
G&D Media 總裁、社長、執行長

對我來說，G&D Media 是個人發展領域出版業的未來，我能在生涯的這個時間點和國內最優秀的團隊合作，真是三生有幸。

曾在獲獎的 Simon & Schuster 新媒體部擔任總裁和發行人，吉爾・丹納在重要的擴張時期領導眾人，護持了這個全球規模數一數二且與眾不同的出版公司。

唯有像吉爾・丹納這樣的願景家能夠綜合我五十年生涯出版的二十多本著作和有聲課程，造就《創勝心態》。我相信這本書結合了原作跨越時間的原則與朝氣蓬勃的新方法，造就了我名下最精美的一本書，感謝吉爾・丹納相信這本書可能對新一代的讀者和學習者非常重要。

感謝：G&D Media 營運總監埃文・利岑布拉特（Evan Litzenblatt）管理及經營業界運作最健全的一支團隊。

感謝：G&D Media 總編輯艾倫・戈柏（Ellen Goldberg）指揮最優秀的編

輯和書寫團隊，能與他們合作，我深感榮幸。

特別感謝 G&D Media 的梅根．戴．希利（Meghan Day Healey）創造出我五十年生涯最精準、最適切、也最重要的作品，她憑藉著室內設計方面以及和我互動時的獨特個人色彩，捕捉了我雲霄飛車般的人生旅程，以兼具啟發和對話的方式創造出老少咸宜、任何年齡層都能理解和內化的內容，這是我二十多本著作中最自豪的一本。

感謝湯姆．麥凱文尼（Tom McKeveny）傑出的封面設計，他呈現「新」的獨特手法，以及用圖詮釋我的作品的方式，無疑是最好的，我的同事一致同意那會令人不禁「哇！」地讚嘆一聲。

感謝 G & D 對此成果貢獻心力的每一個人。我永遠感謝貴團隊，我的下一本書已在緊鑼密鼓籌備中。

補充資料

◎丹尼斯・魏特利的著作

The Psychology of Winning, Nightingale-Conant, Chicago, 1979.
The Winner's Edge, The New York Times Book Co. N.Y., 1980.
Seeds of Greatness, Fleming H. Revell, New Jersey, 1983.
The Double Win, Fleming H. Revell, New Jersey, 1985.
Being the Best, Thomas Nelson, Nashville, 1987.
Timing is Everything, Thomas Nelson, Nashville, 1992.
The New Dynamics of Winning, Quill Div., William Morrow, N.Y., 1993.
Moments of Greatness, Thomas Nelson, Nashville, 1993.
Nine Empowering Secrets, Thomas Nelson, Nashville, 1994.
Empires of the Mind, William Morrow & Co., N.Y., 1995.
The New Dynamics of Goal Setting, Nightingale-Conant, Chicago, 1997.
The Psychology of Motivation, Nightingale-Conant, Chicago, 1997.
The Seeds of Greatness Treasury, International Learning Tech., CA, 2003.
Safari to the Soul, International Learning Tech., CA, 2004.

The Dragon and The Eagle, Hansen House, CA, 2008.

The Psychology of Success, McGraw-Hill, N.Y., 2010–2021.

The New Psychology of Winning, Gildan Media, N.Y., 2021.

◎丹尼斯・魏特利合著的作品

Quantum Fitness, with Irving Dardik, Pocket Books-Simon & Schuster, N.Y., 1984.

The Joy of Working, with Reni Witt, Dodd, Mead & Co., New York, 1985.

Winning the Innovation Game, with Robert Tucker, Fleming H. Revell, New Jersey, 1986.

The Psychology of Winning for Women, with Deborah Waitley & Dayna Waitley-Arnold, Executive Excellence Publishing, UT, 1999.

◎丹尼斯・魏特利的有聲專輯（芝加哥 Nightingale-Conant 公司出品）

The Psychology of Winning

Seeds of Greatness

Quantum Breakthrough to Excellence (with Irving Dardik)

Denis Waitley Live

The Double Win

The Inner Winner

The Joy of Working (with Reni Witt)

The Subliminal Winner (with Dr. Thomas Budzynski)
Being the Best
Breakthrough Thinking (with Robert Tucker)
How to Build Your Child's Self-Esteem
The Course in Winning
The New Dynamics of Winning
The New Dynamics of Goal Setting
The Psychology of Human Motivation
The Power of Resilience
The Seven Sacred Laws

◎丹尼斯・魏特利其他有聲專輯

The Science of Getting Rich — Published by The Secret, California, 2009.
Safari to the Soul — Published by Success Media, Texas, 2010.
The Platinum Collection — Published by Success Media, Texas, 2010.
MVP — Published by Success Media, Texas,2012.
The New Psychology of Winning — Published by Gildan Media, N.Y., 2021.

國家圖書館出版品預行編目資料

創勝心態：喚醒內在動能，激發無限潛能的勝念思考 / 丹尼斯・魏特利 著；洪世民 譯 --初版.--臺北市：平安文化, 2024.2　面；公分. --(平安叢書；第786種)(邁向成功；96)
譯自：The New Psychology of Winning: Top Qualities of a 21st Century Winner
ISBN 978-626-7397-21-3 (平裝)

1.CST: 成功法

177.2　　112022868

平安叢書第0786種

邁向成功叢書 96

創勝心態

喚醒內在動能，激發無限潛能的勝念思考

The New Psychology of Winning: Top Qualities of a 21st Century Winner

作　　者—丹尼斯・魏特利
譯　　者—洪世民
發 行 人—平　雲
出版發行—平安文化有限公司
台北市敦化北路120巷50號
電話◎02-27168888
郵撥帳號◎18420815號
皇冠出版社(香港)有限公司
香港銅鑼灣道180號百樂商業中心
19字樓1903室
電話◎2529-1778　傳真◎2527-0904
總 編 輯—許婷婷
執行主編—平　靜
責任編輯—蔡維鋼
行銷企劃—薛晴方
美術設計—兒日設計、李偉涵
著作完成日期—2021年
初版一刷日期—2024年2月

法律顧問—王惠光律師

讀者服務傳真專線◎02-27150507
電腦編號◎368096
ISBN◎978-626-7397-21-3
Printed in Taiwan
本書定價◎新台幣380元/港幣127元